WILLIAMS-SONOMA

# ASADOS

RECETAS Y TEXTO

**DENIS KELLY**

EDITOR GENERAL

**CHUCK WILLIAMS**

FOTOGRAFÍA

**NOEL BARNHURST**

TRADUCCIÓN

**CONCEPCIÓN O. DE JOURDAIN**
**LAURA CORDERA L.**

# CONTENIDO

## MARISCOS A LA PARRILLA

## VEGETALES A LA PARRILLA

## ALGO ESPECIAL

# INTRODUCCIÓN

Asar es una de las formas de cocinar más populares actualmente. En cualquier época del año, en cualquier clima, podrá ver gente preparando un asador ya sea de carbón o gas. Cuando piensa en alimentos a la parrilla, ciertos platillos vienen a su mente: pollo y costillitas barbecue, jugosas hamburguesas y suaves filetes. Y aunque este libro abarca todas esas recetas clásicas, también contiene muchas ideas nuevas que modernizan el asado a la parrilla. Estas recetas agregan sazonadores inesperados de la cocina mexicana y asiática llevando a la parrilla ingredientes como ostiones y fruta o platillos como pan de elote y pizza. Hoy en día los asadores se prestan para preparar una comida completa sobre el fuego y ese es precisamente el enfoque que este libro le ofrece.

Además, cada receta de este libro presenta una nota explicativa sobre un ingrediente, término o técnica en particular, dando información complementaria sobre dicho platillo. Un capítulo de temas básicos al final del libro explica todo lo que debe saber acerca de como asar y preparar su parrilla. Espero que este libro le ayude a gozar el cocinar a la intemperie.

# LOS CLÁSICOS

*Cuando usted enciende su asador, piensa enseguida en ciertos platillos: suaves y gruesos filetes de carne, pollo con unto de especias y, desde luego, jugosas hamburguesas. Pero en los años recientes, el repertorio de los clásicos platillos asados, se ha extendido hasta incluir delicias de mariscos como camarones al ajillo y sabroso salmón ahumado a la parilla, así como pierna de cordero con unto de hierbas a la parrilla logrando una perfección suculenta.*

# POLLO ASADO CON HIERBAS

Prepare el asador de carbón o gas para asar indirectamente sobre fuego medio-alto (página 107) y engrase con aceite la parrilla del asador.

Para preparar el unto de hierbas mezcle, en un tazón pequeño, la paprika, salvia, romero, ajo en polvo, pimienta de cayena, sal y pimienta negra. Barnice el pollo con aceite y espolvoree generosamente con las hierbas

Coloque las virutas de madera sobre el carbón o agréguelas a la parrilla del asador en una bolsa de papel aluminio (página 111). Ase el pollo directamente sobre fuego medio-alto, de 6 a 10 minutos en total, dándole la vuelta frecuentemente, hasta que las piezas estén bien doradas. (Pase el pollo a un lugar menos caliente de la parrilla, si salen flamazos). Pase las piezas a la parte fría del asador, tape el asador, y cocine. Después de 15 minutos, revise la cocción, cortando en la parte más gruesa del pollo o tomando la temperatura con un termómetro de lectura instantánea. El pollo no deberá mostrar ninguna parte de color rosado, y la temperatura deberá alcanzar cuando menos 71ºC (160ºF). Continúe cocinando el pollo el tiempo necesario, hasta 10 minutos más, pero tenga cuidado de no sobre cocinarlo. Cuando las piezas estén cocidas (las pechugas y/o las piezas deshuesadas estarán listas primero), páselas a un platón y cúbralas con papel aluminio, sin apretar, hasta la hora de servir.

*Para Servir: Sirva con Brochetas Jardinera (página 83). Ase las brochetas sobre fuego directo mientras el pollo se cocina sobre fuego indirecto.*

RINDE 4 PORCIONES

## UNTO DE HIERBAS Y ESPECIAS

El unto es la combinación seca de hierbas y especias, que se espolvorea o pone sobre los alimentos para añadirles sabor. Se puede aplicar justamente antes de asar los alimentos o varias horas antes, para que la comida tenga más tiempo de absorber el sabor del unto. Para que el unto se adhiera a la comida, puede engrasar ligeramente con aceite antes de aplicarlo. Experimente sus propias combinaciones, agregando o quitando ingredientes a esta receta. Las hierbas secas como el romero, orégano o tomillo, son una buena elección. La paprika, ajo en polvo, sal y pimienta también se usan en la mayoría de los untos. Guarde el unto de hierbas restante en una frasco sellado en un lugar fresco y oscuro hasta por 4 meses.

Aceite de oliva o aceite vegetal para barnizar

PARA EL UNTO DE SALVIA Y ROMERO:

2 cucharadas de paprika dulce

2 cucharadas de salvia molida

1 cucharada de romero seco

1 cucharada de ajo en polvo

½ cucharadita de pimienta cayena

1½ cucharadita de sal

1 cucharadita de pimienta negra recién molida

1 pollo, de 1.5 a 2 kg (3–4 lb), cortado en piezas listas para servir;

4 medias pechugas con hueso o deshuesadas; o 12 muslos con hueso o deshuesados

Virutas o trozos de madera, remojados durante 30 minutos y escurridos (página 111)

# COSTILLITAS CON MARINADA
# DE MIEL Y JALAPEÑO

Para hacer la marinada, mezcle el aceite, jugo de limón, miel, ajo, chile jalapeño, orégano, paprika, sal y pimienta, en un tazón y bata hasta mezclar. Ponga las costillas en un recipiente poco profundo o en 1 ó 2 bolsas grandes de plástico con cierre hermético y cubra con la marinada. Tape o selle y deje marinar, volteando ocasionalmente, hasta por 2 horas a temperatura ambiente o durante toda la noche en el refrigerador. Si se refrigeran, sáquelas 30 minutos antes de asar.

Prepare el asador de carbón o gas para asar indirectamente sobre fuego medio-alto (página 107).

Rocíe las virutas de madera sobre los carbones o añádalas a la parrilla en una bolsa perforada de aluminio (página 111). Retire las costillas de la marinada y séquelas con una toalla. Ase las costillas directamente sobre fuego medio-alto, de 6 a 10 minutos en total, volteándolas frecuentemente, hasta que estén bien doradas. (Pase las costillas a un lugar menos caliente de la parrilla si salen flamazos). Transfiera las costillas doradas a la parte fría del asador, cubra el asador y cocínelas de 20 a 25 minutos más, hasta que ya no estén rosadas al cortar cerca del hueso y estén suaves pero todavía jugosas.

Páselas a un platón, cubra con papel de aluminio, sin apretar, y déjelas reposar 5 minutos. Corte las costillas separándolas entre los huesos para servir.

*Para Servir: Para una barbecue clásica de verano, sirva las costillas con Mazorcas de Elote Asadas con Mantequilla de Chipotle (página 76). Puede asar la mazorca directamente sobre el fuego mientras las costillas se acaban de cocinar sobre el fuego indirecto*

RINDE 4 PORCIONES

## CORTES DE COSTILLAS

Las costillitas que se cortan de la parte del lomo, son las más suaves del mercado. Trate de encontrar las costillas que tengan más carne y sin mucha grasa en el exterior. Son excelentes para asar después de haber estado sumergidas en una marinada. Las costillas estilo campestre se cortan de la parte del hombro del cerdo, tienen más carne y son un poco más chiclosas que las costillitas del lomo. Pueden sustituirse en esta receta, aunque el tiempo de cocción deberá aumentarse 10 ó 12 minutos. Las costillas de cerdo que se cortan de la parte del vientre, requieren más tiempo de asado lento e indirecto.

# CAMARONES CON MANTEQUILLA DE LIMÓN Y AJO

**CAMARONES A LA PARRILLA**

Los camarones son deliciosos cuando se barnizan con aceite o mantequilla, sazonados simplemente con un unto de especias o hierbas y luego se asan sobre fuego alto. Sin embargo, se cocinan rápidamente, así que manténgase alerta. Tan pronto se tornen de color rosado parejo por ambos lados, estarán listos. Esta receta da indicaciones para asar los camarones con 2 palillos para brocheta, lo que facilita el voltearlos. Los camarones grandes y gigantes pueden cocinarse directamente en el asador. O, si lo desea, use una parrilla perforada para asar, que evita que las partes pequeñas de comida se caigan directamente al fuego.

Prepare el asador de carbón o gas para asar directamente sobre fuego alto (página107) y engrase con aceite la parrilla del asador.

Para hacer el unto de especias, mezcle la paprika, ajo en polvo, pimienta con limón y sal en un tazón pequeño.

Barnice los camarones con aceite y espolvoree generosamente con el unto de especias. Enrolle un camarón, metiendo la cola hacia adentro, y ensártelo en 2 brochetas paralelas. Repita con los camarones restantes, ensartando 3 camarones en cada par de palillos.

Para hacer la mantequilla de limón y ajo, derrita la mantequilla en un cazo pequeño sobre fuego bajo, integre la ralladura y el jugo de limón, ajo y pimienta cayena. Vierta la mitad en un tazón para engrasar los camarones y mantenga el resto tibio.

Ase los camarones directamente sobre fuego alto, volteándolos una vez y engrasándolos una o dos veces con la mantequilla de limón y ajo, hasta que estén de color rosado parejo y totalmente opacos, de 3 a 4 minutos de cada lado. No los cocine más tiempo.

Pase las brochetas a un platón. Cubra los camarones con la mantequilla de limón y ajo que reservó y sirva de inmediato.

*Para Servir: Sirva los camarones en la brocheta como entrada o sobre su platillo de pasta favorito como plato principal. La mantequilla de limón y ajo también es deliciosa con pechugas de pollo asadas.*

RINDE 4 PORCIONES PARA PLATO PRINCIPAL U 8 PORCIONES PARA ENTRADA.

Aceite de oliva o vegetal para cubrir.

PARA EL UNTO DE ESPECIAS:

1 cucharada de paprika dulce

1 cucharada de ajo en polvo

1 cucharadita de pimienta con limón o pimienta recién molida

2 cucharaditas de sal

24 camarones grandes (gambas), aproximadamente 500 g (1 lb) en total, pelados y desvenados

PARA LA MANTEQULLA DE LIMÓN Y AJO:

½ taza (125 g/4 oz) de mantequilla con sal

1 limón, su jugo y ralladura fina

4 dientes de ajo, picados

¼ cucharadita de pimienta cayena, o al gusto

16 banderillas de madera para brocheta, remojadas 30 minutos, o pinchos de metal

# PIERNA DE CORDERO EN MARIPOSA CON UNTO DE ROMERO Y AJO

PARA EL UNTO DE ROMERO Y AJO

¼ taza (10 g/⅓ oz) de romero fresco picado o 2 cucharadas de romero seco

8 dientes de ajo, picado

2 limones, su jugo

2 cucharadas de paprika dulce

1 cucharada de sal

1 cucharadita de pimienta recién molida

1 a 2 cucharadas de aceite de oliva

1 pierna de cordero, 2 a 2.5 kg (4-5 lb) sin hueso y cortada en mariposa (página110)

Para hacer el unto de romero y ajo en un procesador de alimentos, ponga el romero, ajo, jugo de limón, paprika, sal y pimienta con suficiente aceite de oliva para hacer una pasta gruesa.

Frote el unto generosamente en ambos lados del cordero. Coloque el cordero en un refractario o en una bolsa de plástico con cierre hermético. Cubra o selle y deje marinar, volteando ocasionalmente, hasta por 2 horas a temperatura ambiente o durante toda la noche en el refrigerador. Si la refrigera, sáquela 30 minutos antes de asar.

Prepare un asador de carbón o de gas para asar sobre fuego medio-alto (página 107).

Ase el cordero directamente sobre fuego medio-alto de 5 a 7 minutos de cada lado, hasta que esté bien dorado, volteando una vez. (Pase el cordero a la parte menos caliente del asador si salen flamazos.) Pase el cordero, con la piel hacia abajo, a la parte fría del asador, tape el asador y cocine. Después de 30 minutos revise el cordero para ver si está listo, cortando en la parte más gruesa de la carne, o tome la temperatura con un termómetro de lectura instantánea. El cordero término medio-rojo estará todavía rosado por dentro, y la temperatura interior será entre 54º y 57ºC (130º - 135ºF). Continué cocinándolo, si es que lo prefiere, hasta 20 minutos más.

Pase el cordero a un platón, cúbralo ligeramente con papel de aluminio, y déjelo reposar 5 minutos. Rebane la carne en forma diagonal, perpendicular a la veta y sírvalo.

*Para Servir: Sírvalo con Papas Cambray Asadas con Corteza de Pimienta Roja (página 87) y Ensalada Asada de Pimientos Rojos, Cebollas Dulces, y Jitomates (página 79). Los vegetales pueden asarse directamente en el fuego mientras se cocina el cordero sobre fuego indirecto.*

RINDE DE 6 A 8 PORCIONES

## PIERNA DE CORDERO

Aunque la pierna de cordero entera es un clásico para asar al horno el domingo, también queda muy bien en el asador, si se deshuesa y corta en mariposa. Al cortarla en mariposa hace que quede plana y permite que se cocine rápidamente, lo que favorece el sabor del cordero. Simplemente pídale a su carnicero que deshuese y corte el cordero en mariposa, o vaya a la página 110 para ver las instrucciones.

# SALMÓN AHUMADO ASADO CON HINOJO Y ESTRAGÓN

Si usa un filete de salmón, retire todas las espinas usando unas pinzas. Barnice el salmón con aceite. Corte un trozo de papel de aluminio grueso lo suficientemente grande para envolver el salmón. Si usa un salmón entero, colóquelo en el centro del papel y corte diagonalmente unas 4 ó 5 rajadas a través de la piel. Ponga la mitad del limón, cebolla, bulbo de hinojo y estragón dentro del pescado y cubra con el resto. Espolvoree con sal y pimienta. Si usa un filete de salmón, colóquelo con la piel hacia abajo, en el centro del papel de aluminio y cubra con el limón, cebolla, hinojo y estragón. Espolvoree con sal y pimienta. Doble el papel cubriendo el salmón y rice las orillas para sellarlo.

Coloque las virutas de madera sobre el carbón; o agréguelas en una bolsa de aluminio perforada a la parrilla del asador (página 111). Coloque el salmón, ya envuelto en el papel de aluminio, en la parte sin calentar del asador, cubra la parrilla y cocine. Después de 35 minutos para salmón entero o 25 minutos para filete, abra el papel y revise la cocción al cortar el pescado o tome la temperatura con un termómetro de lectura instantánea. El salmón deberá estar totalmente opaco y desbaratarse al empujarlo con el tenedor; o registrar 52ºC (125ºF) en un termómetro de lectura instantánea. Continúe cocinándolo el tiempo necesario con el papel abierto y la parrilla cubierta, de 10 a 25 minutos más para un salmón entero y de 5 a 15 minutos para un filete. El tiempo de cocción variará dependiendo del tamaño del pescado, lo caliente del fuego y el punto de cocción deseado. No lo sobre cocine.

Pase el papel y el pescado a un platón grande. Levante el pescado suavemente con una espátula larga y retire el papel del salmón. Adorne con el hinojo reservado y sirva.

UN SALMÓN ENTERO RINDE DE 8 A10 PORCIONES. UN FILETE DE SALMÓN DE 4 A 6 PORCIONES.

**ASADO AHUMADO**

El añadir virutas o trozos de madera al carbón cuando se usa el asador, infunde un delicioso sabor ahumado a los alimentos. Elija el tipo de madera que combine con la comida que está asando. El nogal americano y el roble tienen un sabor intenso y van mejor con res, puerco o pollo. El mezquite, aliso y las maderas frutadas son más suaves y pueden usarse con pollo, pescado o mariscos. Remoje un puño de virutas en agua durante 30 minutos, escurra y coloque directamente sobre el carbón o póngalas en una bolsa de papel aluminio perforada colocándola en el asador de gas justamente antes de agregar los alimentos.

1 salmón entero, de 2.5 a 4 kg (5-8 lb), limpio; o un filete de salmón entero, con piel, de entre 1.5 y 2 kg (3-4 lb)

Aceite de oliva o vegetal para barnizar

1 limón, finamente rebanado

1 cebolla amarilla o blanca, finamente rebanada

1 bulbo de hinojo, limpio y finamente rebanado, reservando las hojas para adornar

4 ó 5 ramitas de estragón, picadas grueso, o 1 cucharada de estragón seco

1 cucharadita de sal

½ cucharadita de pimienta recién molida

Virutas o trozos de madera remojados durante 30 minutos y escurridos (página 111).

Prepare el asador de carbón o de gas para asar indirectamente sobre fuego medio-alto (página 107).

# LA HAMBURGUESA PERFECTA

500 g (1 lb) carne magra molida de res

2 cucharadas de cebolla amarilla o blanca finamente picada

1 cucharadita de ajo picado

1 cucharadita de sal

½ cucharadita de pimienta molida

1 ó 2 chorritos de salsa inglesa (Worcestershire)

4 rebanadas de queso suizo o cheddar (opcional)

4 bollos para hamburguesa, partidos

Jitomate en rebanadas, para servir

Cebolla blanca dulce en rebanadas, para servir, tipo maui, vidalia o walla walla

Lechuga en trozos, para servir

Pepinillo en rebanadas, para servir

Salsa de catsup, mayonesa, mostaza, y otros condimentos de su gusto

Prepare un asador de carbón o gas para asar directamente sobre fuego medio-alto (página 107).

En un tazón grande, mezcle la carne, cebolla, ajo, sal, pimienta y la salsa inglesa. Haga 4 hamburguesas de 2 cm de grueso (¾ in) con la mezcla.

Ase las hamburguesas directamente sobre fuego medio-alto de 3 a 5 minutos de cada lado, volteándolas una vez. Revise la cocción, cortando en la parte central de la hamburguesa o tomando la temperatura con un termómetro de lectura instantánea. No debe estar rosada en la parte interior (vea Nota); y la temperatura interna debe registrar por lo menos 71°C (160°F). Para las hamburguesas con queso, ponga una rebanada de queso sobre cada hamburguesa durante los últimos 3 minutos de cocción.

Durante los últimos 2 ó 3 minutos de cocción, tueste los bollos para hamburguesa, con la parte cortada hacia abajo, sobre la parrilla a fuego alto. Sirva las hamburguesas en los bollos con jitomate, cebolla, lechuga, pepinillos, y condimentos.

*Nota: Por razones de salud, toda la carne molida debe cocinarse cuando menos a término medio o bien cocida.*

RINDE 4 PORCIONES

VARIACIONES PARA LAS HAMBURGUESAS

Use su imaginación para darle un toque especial a la clásica hamburguesa. Para un giro asiático, omita la salsa inglesa y la sal; agregue un chorrito de salsa de soya, y sustituya la cebolla por cebollitas de cambray. Para una hamburguesa francesa, omita la salsa inglesa, la mitad de la sal y añada una cucharada de queso azul en migas además de champiñones picados con un chorrito de vino tinto. Para obtener un sabor Provenzal francés, omita la salsa inglesa, duplique la cantidad de ajo y añada una cucharada de jitomates deshidratados picados y una cucharada de aceitunas negras deshuesadas. Varíe las guarniciones y también los condimentos.

# FILETES DE T-BONE A LAS TRES PIMIENTAS Y SALSA DE WHISKEY

Para hacer el unto, mezcle la pimienta negra, pimienta blanca, paprika, ajo en polvo y sal en un tazón pequeño. Espolvoree el unto generosamente en ambos lados de los filetes y presiónelo sobre la carne. Tape y deje reposar. Voltee ocasionalmente, hasta por 2 horas a temperatura ambiente o toda la noche en el refrigerador. Si se refrigera, sáquelos 30 minutos antes de asarlos.

Prepare un asador de carbón o gas para asar directamente sobre fuego medio-alto (página 107), dejando una porción de la parrilla sin calentar.

Para hacer la salsa de filete, ponga el caldo en un pequeño cazo sobre fuego alto y hierva hasta que se reduzca a la mitad. En un tazón pequeño, revuelva la fécula de maíz con el whiskey. Retire el caldo del fuego e integre la mostaza, pasta de tomate, mezcla de fécula de maíz y salsa picante. Pruebe y sazone con sal. Reserve.

Esparza virutas de madera sobre el carbón o añádalas en una bolsa de aluminio perforada al asador de gas (página 111). Ase los filetes directamente sobre fuego medio-alto, de 4 a 7 minutos de cada lado, volteándolos una vez. (Pase los filetes a la parte sin calentar del asador si salen flamazos). Revise la cocción cortando cerca del hueso o tomando la temperatura con un termómetro de lectura instantánea en la parte más gruesa. Los filetes término rojo estarán rojos en el centro y registrarán entre 49° y 52°C (120°-125°F); los filetes término medio-rojo estarán rojos o rosados y registrarán entre 54° y 57°C (130°-135°F); y los término medio estarán rosados y registrarán 60°C (140°F). Si los filetes están dorados pero todavía muy crudos para su gusto, páselos a la parte sin calentar de la parrilla, tápela y continúe cocinándolos según lo necesiten. Páselos a un platón, cúbralos con papel de aluminio, sin apretar y déjelos reposar durante 5 minutos antes de servir.

Recaliente la salsa de filete sobre fuego medio batiendo constantemente hasta que esté lista para servir. Bañe los filetes con cucharadas de la salsa y sirva.

RINDE 4 PORCIONES

### WHISKEY (BOURBON)

Cocinar con licor, vino, o cerveza puede dar buen sabor sin añadir mucho alcohol, pues la mayoría (aunque no todo) de éste se evapora en el proceso de cocción. En esta receta el sabor viene del Bourbon, un whiskey americano hecho de maíz y añejado en barricas carbonizadas de roble blanco que le dan a la bebida un característico sabor a roble ahumado. Otros licores, como el whiskey escocés, whiskey irlandés, brandy, ron o tequila, tienen sus características propias y cada uno añade su toque peculiar.

PARA EL UNTO DE TRES PIMIENTAS:

1 cucharada de pimienta negra recién molida

1 cucharada de pimienta blanca recién molida

1 cucharada de paprika dulce

1 cucharada de ajo en polvo

2 cucharaditas de sal

4 filetes T-bone, de 4 cm (1½ in) de grueso, sin grasa

PARA LA SALSA DE WHISKEY:

1 taza (250 ml/8 fl oz) de caldo de res o de consomé de res enlatado bajo en sal

1 cucharada de fécula de maíz (maizena)

2 cucharadas de whiskey (Bourbon)

1 cucharada de mostaza Dijon

1 cucharada de pasta de tomate

1 ó 2 chorritos de salsa Tabasco u otra salsa picante de chile

Sal

Virutas o trozos de madera, remojados durante 30 minutos y escurridos (página 111)

# CARNE EN EL ASADOR

*La carne de res sabe delicioso cuando se hace en el asador. No hay nada mejor que un filete tierno, sazonado con hierbas y especias, recién hecho a la parrilla. Pero también otras carnes son muy buenas como para pasar inadvertidas: el lomo de puerco es delicioso asado y servido con una salsa de fruta ligeramente agridulce, mientras que las costillas de ternera sazonadas con salvia también son excelentes para asar a la parrilla.*

# FILETE NEW YORK CON MANTEQUILLA DE TOMILLO Y AJO

## MANTEQUILLAS CONDIMENTADAS

Las mantequillas condimentadas, llamadas también mantequillas compuestas, son mezclas de mantequilla suavizada con hierbas, especias u otros condimentos. Son deliciosas con pescado, pollo, puerco y res a la parrilla. Las hierbas frescas son especialmente sabrosas cuando se mezclan con mantequilla: experimente con estragón, mejorana o romero. También puede dar a las mantequillas condimentadas un giro exótico añadiendo jengibre picado, ralladura y jugo de limón, polvo puro de chile, chiles frescos picados o salsas y pastas asiáticas como salsa hoisin o pasta de frijol negro o de chile.

Rocíe ambos lados de los filetes generosamente con sal y pimienta. Prepare un asador de carbón o gas para asar directamente sobre fuego medio-alto (página 107).

Para hacer la mantequilla de tomillo y ajo, mezcle en un tazón pequeño con un tenedor la mantequilla con el tomillo y el ajo. Añada la salsa inglesa y la salsa picante al gusto. Revuelva para mezclar. Reserve o dele forma de cilindro con la mantequilla ya preparada sobre papel encerado y refrigere hasta el momento de servir.

Rocíe las virutas sobre el carbón o añádalas en una bolsa perforada de papel de aluminio a la parrilla de gas (página 111). Ase los filetes directamente sobre fuego medio-alto de 8 a 12 minutos en total, volteándolos 2 ó 3 veces, hasta que estén bien dorados por fuera. (Pase los filetes a una parte menos caliente de la parrilla si salen flamazos). Para revisar la cocción, corte el filete o tome la temperatura con un termómetro de lectura instantánea. El filete término rojo debe estar rojo en el centro y registrar de 49° a 52°C (120°-125°F); el término medio-rojo debe ser de color rosado en el centro y registrar de 54° a 57°C (130°-135°F); el término medio debe ser de color rosa más pálido en el centro y registrar 60°C (140°F). Pase a un platón, cubra con papel de aluminio sin apretar y deje reposar 5 minutos.

Para servir, bañe con 1 ó 2 cucharadas de la mantequilla condimentada sobre cada filete.

*Variación: Puede sustituir por cualquier filete tierno para asar, como un Porterhouse o rib eye en esta receta.*

*Para Servir: Sirva los filetes con Mazorcas de Elote Asadas con Mantequilla de Chipotle (página 76) y Papas Cambray Asadas con Corteza de Pimienta Roja (página 87).*

RINDE 4 PORCIONES

4 filetes New York, de 4 cm (1½ in) de grueso, sin grasa

Sal y pimienta recién molida

PARA LA MANTEQUILLA DE TOMILLO Y AJO:
½ taza (125 g/4 oz) de mantequilla con sal, a temperatura ambiente

1 cucharada de tomillo fresco picado o 1½ cucharaditas de tomillo seco

4 dientes de ajo, picados

1 ó 2 chorritos de salsa Inglesa

1 ó 2 chorritos de salsa Tabasco u otra salsa picante de chile

Virutas o trozos de madera, remojados durante 30 minutos y escurridos (página 111)

# FAJITAS DE FILETE CON PICO DE GALLO

½ taza (125 ml/4 fl oz) de aceite vegetal

1 cebolla amarilla o blanca, finamente rebanada

2 dientes de ajo, picados

1 chile jalapeño, picado

1cucharada de orégano fresco picado

1 cucharadita de comino molido

1 cucharada de polvo puro de chile

2 cucharadas de cilantro fresco picado

1 cucharada de tequila

1½ cucharadita de sal

1 churrasco o filete de falda de 1 a 1.5 kg (2-3 lb), limpio

PARA LA SALSA DE PICO DE GALLO:

2 jitomates, picados en cuadritos

1 cebolla amarilla o blanca, picada grueso

¼ taza (10 g/⅓ oz) de cilantro (coriander) picado

1 chile jalapeño o serrano, sin semillas y picado

1 limón, su jugo

Sal

12 tortillas de harina grandes

En un tazón pequeño, mezcle el aceite, cebolla, ajo, chile (desvenado y sin semillas para que no pique mucho), orégano, comino, polvo de chile, cilantro, tequila y sal. Haga unas rajadas en contra de la veta del filete. Un filete de falda largo y delgado, deberá cortarse en 2 ó 4 piezas para facilitar el asado. Coloque el filete en un refractario o en una bolsa de plástico con cierre hermético y cubra con la marinada. Tape o selle y deje marinar, volteándolo ocasionalmente, hasta por 2 horas a temperatura ambiente o durante toda la noche en el refrigerador. Si lo refrigera, sáquelo 30 minutos antes de asarlo.

Prepare el asador de carbón o gas para asar directamente a fuego alto (página 107).

Para hacer la salsa pico de gallo, mezcle en un tazón los jitomates, cebolla, cilantro, chile, jugo de limón y sal al gusto. Reserve.

Retire el filete de la marinada y séquelo con una toalla de papel. Ase el filete de falda directamente sobre fuego alto de 3 a 4 minutos de cada lado, o el churrasco de 4 a 5 minutos de cada lado, volteándolo una vez. (Pase al filete a una parte menos caliente de la parrilla si salen flamazos). Los filetes de falda y churrasco no deben cocinarse más de término medio-rojo, cuando todavía estén rosados al cortarlos en el centro, ya que estos cortes de carne se endurecen cuando se cocinan por más tiempo. Páselos a un platón y cúbralos con papel aluminio, sin apretar.

Ase las tortillas, volteándolas una vez, de 2 a 3 minutos de cada lado, hasta que estén suaves y ligeramente marcadas con la parrilla. Rebane el filete contra la veta en trozos pequeños del tamaño de un bocado. Coloque una ración de carne en el centro de cada tortilla, cubra con cucharadas de la salsa pico de gallo y doble la tortilla. Sirva inmediatamente.

*Nota: La marinada usada en esta receta también es deliciosa con pollo.*

RINDE DE 4 A 6 PORCIONES

ESCOGIENDO CHILES

El nivel de picor de los chiles varía muchísimo. Los chiles grandes verdes como el Anaheim o el poblano son suaves, los jalapeños son picosos, los serranos son muy picosos y los habaneros son extremadamente picosos. Cuando trabaje con chiles frescos, tenga cuidado de no tocar sus ojos, nariz o boca y lavarse después las manos en agua caliente y jabonosa. Para los chiles muy picosos, use guantes de hule para que no le quemen los dedos. Para quitarles lo picoso, parta los chiles pequeños a la mitad, quíteles las semillas y desvénelos, pues es donde se concentra el picor.

# CHULETAS DE PUERCO CON GLASEADO DE CHABACANO Y BRANDY

Prepare el asador de carbón o de gas para asar directamente sobre fuego medio-alto (página 107), dejando una parte de la parrilla sin calentar. Engrase la parrilla con aceite. Haga algunas cortadas en la orilla de cada chuleta para evitar que se ricen.

Para hacer el unto de especias, mezcle la paprika, ajo en polvo, tomillo, sal y pimienta en un tazón pequeño. Úntelo generosamente en ambos lados de las chuletas.

Para hacer el glaseado, caliente la mermelada en un cazo pequeño sobre fuego bajo. Integre el brandy, mostaza y jugo de limón. Reserve, y vuelva a calentarla sobre fuego medio, revolviendo constantemente, justo antes de servir.

Ase las chuletas directamente sobre fuego medio-alto, de 3 a 4 minutos de cada lado, volteándolas una vez, hasta que estén bien doradas. Pase las chuletas a la parte sin calentar de la parrilla y barnice generosamente con el glaseado tibio en ambos lados de las chuletas. Tape la parrilla y cocine de 2 a 4 minutos más para fijar el glaseado y cocinar las chuletas. Revise la cocción cortando las chuletas cerca del hueso o tomando la temperatura en la parte más gruesa con un termómetro de lectura instantánea. Las chuletas de puerco deberán estar un poco rosadas en el interior y registrar 68°C (155°F). Continúe cocinando el tiempo necesario.

Pase las chuletas a un platón, cúbralas con papel de aluminio, sin apretar, y déjelas reposar de 3 a 5 minutos antes de servir.

*Para Servir: Sírvalas con Pan de Elote y Jalapeños (página 101). Haga el pan de elote antes de asar las chuletas.*

RINDE 4 PORCIONES

## GLASEADO

Al barnizar con el glaseado durante los últimos minutos del asado, se crea una hermosa superficie dorada que agrega un dulce y delicioso sabor. Como la mayoría de los glaseados contienen azúcar en alguna forma, tenga cuidado de no chamuscarlo o quemarlo. Pase la comida a la parte menos caliente de parrilla antes de aplicarle el glaseado y cocine sobre fuego indirecto para fijarlo. La miel, melaza, mermeladas de frutas, oporto o jerez dulce son muy recomendables para agregar al glaseado, mientras que los jugos de cítricos, mostaza, chiles, vinagre o vinos generalmente se agregan para balancearlos.

Aceite de oliva o aceite vegetal para barnizar

8 lomos o chuletas de puerco, con hueso o deshuesadas, de por lo menos 2.5 cm (1 in) de grueso, sin grasa

PARA EL UNTO DE ESPECIAS:

1 cucharada de paprika dulce

1 cucharada de ajo en polvo

1 cucharadita de tomillo seco

1½ cucharaditas de sal

1 cucharadita de pimienta recién molida

PARA EL GLASEADO DE CHABACANO Y BRANDY:
½ taza (155 g/5 oz) de mermelada de chabacano

2 cucharadas de brandy de chabacano o algún otro brandy

1 cucharada de mostaza seca

1 limón, su jugo

# CHULETAS DE TERNERA, ESTILO TOSCANO

4 chuletas de lomo de ternera grandes u 8 chuletas pequeñas de lomo de ternera o de costillas, de por lo menos 2.5 cm (1 in) de grueso, sin grasa

2 cucharadas de salvia fresca picada o 1 cucharada de salvia seca

4 a 6 dientes de ajo, picados

1½ cucharadita de sal, o más si se necesita

1 cucharadita de pimienta recién molida

1 cucharada de aceite de oliva, o más si se necesita

500 g (1lb) de pasta seca como penne

Salsa de Jitomates Asados (*vea explicación a la derecha*) para cubrirlas.

Haga algunas cortadas en la orilla de las chuletas para prevenir que se ricen. Mezcle en un tazón pequeño la salvia, ajo al gusto, sal, pimienta, y suficiente aceite de oliva para hacer una pasta espesa. Unte generosamente ambos lados de las chuletas con el unto de hierbas. Deje reposar las chuletas a temperatura ambiente hasta por 1 hora antes de asarlas.

Prepare el asador de carbón o de gas para asar directamente sobre fuego medio-alto (página 107), dejando una porción de la parrilla sin calentar. Engrase la parrilla del asador con aceite.

Llene de agua las tres cuartas partes de una olla grande y ponga a hervir a fuego alto.

Ase las chuletas directamente sobre fuego medio-alto, de 3 a 5 minutos de cada lado, volteándolas una vez, hasta que estén bien doradas. Revise la cocción cortando las chuletas cerca del hueso o tomando la temperatura con un termómetro de lectura instantánea en la parte más gruesa. Las chuletas de ternera deberán estar rosadas cerca del hueso y registrar 65°C (150°F). Si las chuletas están bien doradas pero todavía poco cocidas por dentro, páselas a la parte sin calentar de la parrilla, tape el asador y continué cocinándolas el tiempo necesario. Pase las chuletas a un platón, cúbralas con papel de aluminio, sin apretar, y déjelas reposar 5 minutos.

Mientras tanto, póngale sal al agua hirviendo y añada la pasta. Cocínela al dente y escúrrala.

Ponga 1 ó 2 chuletas en cada plato y vierta la salsa de jitomate asado sobre las chuletas con una cuchara. Mezcle el resto de la salsa con la pasta y sírvala a un lado de las chuletas.

RINDE 4 PORCIONES.

SALSA DE JITOMATE ASADO
El asado intensifica el sabor de los jitomates dulces del verano. Barnice 4 jitomates grandes u 8 pequeños con aceite de oliva. Ase los jitomates directamente sobre fuego medio-alto, volteándolos frecuentemente de 5 a 8 minutos, hasta que estén marcados por la parrilla por todos lados y hayan empezado a suavizarse. No se preocupe si se chamuscan un poco, pero tenga cuidado de no sobre cocinarlos. Pase a una tabla de picar, retire los tallos, y pique en cuadritos. Ponga los jitomates en un tazón e incorpore 2 ó 3 dientes de ajo picados, 2 cucharadas de albahaca fresca picada, y sal y pimienta al gusto. La salsa es deliciosa sobre pizza asada (página 90).

# COSTILLAR DE CORDERO CON CORTEZA DE HIERBAS Y GRAVY DE MENTA Y JEREZ

**CORTANDO CORDERO**

Quitarle la grasa al costillar de cordero antes de cocinarlo es una técnica que se conoce como corte profesional. Pída a su carnicero que se lo haga o hágalo usted mismo. Con un cuchillo filoso para deshuesar, separe la carne y la grasa entre cada hueso de la costilla para dejar de 2.5 a 5 cm (1-2 in) de hueso expuesto en la parte superior del costillar. Quite la mayor parte de la grasa de la carne del lomo y haga unas rajadas en forma de cruces en la grasa restante. Si lo desea, envuelva las puntas de los huesos con papel aluminio para prevenir que se chamusquen. Para cortarlo será más sencillo que el carnicero parta a través del hueso a lo largo de la parte inferior entre cada chuleta.

En un tazón pequeño mezcle el tomillo, ajo, sal y pimienta. Añada suficiente aceite de oliva para hacer una pasta espesa. Unte la pasta sobre el cordero y deje reposar hasta 1 hora a temperatura ambiente.

Prepare el asador de carbón o gas para asar indirectamente sobre fuego alto (página 107).

Para hacer la salsa, precaliente el horno a 200ºC (400ºF). Ponga los recortes del cordero en un refractario y áselos en el horno hasta que suelten la grasa, de 15 a 20 minutos. Usando una cuchara ranurada o espumadera, retire los sólidos. Reserve 2 cucharadas de la grasa y deseche el resto o, si no tiene los recortes de cordero, derrita la mantequilla en una sartén. Coloque sobre fuego medio, revuelva el harina en la grasa del cordero o la mantequilla y cocine revolviendo constantemente de 1 a 2 minutos, hasta que aromatice pero no cambie de color. Incorpore el caldo, jerez, pasta de tomate, menta, orégano y sal y pimienta al gusto. Cocine batiendo constantemente de 3 a 5 minutos, hasta que espese y esté suave. Añada el vinagre y, si lo desea, la salsa picante al gusto. Reserve y mantenga caliente.

Ase el cordero directamente sobre fuego alto de 7 a 10 minutos, colocando la parte grasa hacia abajo, hasta que esté bien dorado. (Pase a la parte menos caliente de la parrilla si salen flamazos). Coloque los costillares con la parte grasa hacia arriba en la parte sin calentar de la parrilla, tape el asador y cocínelos. Después de 15 minutos, revise la cocción cortando la carne en la parte cerca del hueso o insertando un termómetro de lectura instantánea en la parte más gruesa. El cordero término medio-rojo estará rojo o rosado cerca del hueso y deberá registrar entre 54º y 57ºC (130º -135ºF). Continué cocinando el cordero el tiempo necesario, hasta 10 minutos más. Pase a un platón, cubra con papel aluminio, sin apretar, y deje reposar de 5 a 10 minutos.

Corte los costillares en chuletas. Ponga dos chuletas en cada plato, cubriéndolas con cucharadas del gravy y acompañe con el gravy restante.

RINDE 4 PORCIONES

¼ taza (10 g/⅓ oz) de tomillo fresco picado

6 dientes de ajo, picados

1 cucharada de sal

1 cucharadita de pimienta molida

1 ó 2 cucharadas de aceite de oliva

2 costillares de cordero (de aproximadamente 500 g/1 lb cada uno), sin grasa y cortados de forma profesional (*vea explicación a la izquierda*), reservando los recortes.

PARA EL GRAVY:

Recortes reservados del cordero (*arriba*) o 2 cucharadas de mantequilla sin sal

2 cucharadas de harina

1 taza (250 ml/8 fl oz) de caldo de res o de vegetales

½ taza (125 ml/4 fl oz) de jerez semi-seco

1 cucharada de pasta de tomate

1 cucharada de menta fresca picada

1 cucharada de orégano fresco picado

Sal y pimienta recién molida

1 cucharadita de vinagre balsámico

1 ó 2 chorritos de salsa Tabasco u otra salsa picante (opcional)

# BROCHETAS DE CORDERO Y CHAMPIÑONES

PARA LA MARINADA:

**1 limón, su jugo**

**¼ taza (60 ml/2 fl oz) de aceite de oliva**

**1 cucharada de vinagre de vino tinto**

**2 cucharadas de orégano fresco picado o 1 cucharada de orégano seco**

**1 cebolla amarilla o blanca, picada**

**4 dientes de ajo, picados**

**1½ cucharadita de sal**

**1 cucharadita de pimienta recién molida**

**1 kg (2 lb) de cordero deshuesado, de la parte de la pierna o de la espaldilla, sin grasa y cortado en cubos de 4 cm (1½ in)**

**32 hongos cremini o champiñones blancos, enteros o cortados en trozos de 4 cm (1½ in)**

**8 a 12 banderillas de madera para brochetas, remojadas en agua durante 30 minutos, o pinchos de fierro**

Para hacer la marinada, mezcle el jugo de limón, aceite, vinagre, orégano, cebolla, ajo, sal, y pimienta en un tazón pequeño. Coloque el cordero en un tazón o en una bolsa de plástico con cierre hermético y cubra con la marinada. Tape o selle y deje marinar, volteando ocasionalmente, hasta por 2 horas a temperatura ambiente o toda la noche en el refrigerador. Si se refrigera, sáquelo 30 minutos antes de que planee asarlo.

Prepare el asador de carbón o gas para asar directamente sobre fuego medio-alto (página 107).

Retire los cubos de cordero de la marinada y séquelos con una toalla de papel, reservando la marinada. Haga las brochetas ensartando las piezas de cordero alternándolas con los champiñones. Barnice con la marinada restante.

Ase las brochetas directamente sobre fuego medio-alto de 5 a 7 minutos en total, volteándolas frecuentemente, hasta que estén bien doradas. (Pase las brochetas a una parte menos caliente del asador si salen flamazos.) Revise la cocción cortando un trozo de la brocheta o tomando la temperatura con un termómetro de lectura instantánea. La carne deberá estar rosada o roja en el centro y registrar entre 54º y 57ºC (130º-135ºF). Continúe cocinando las brochetas según se necesite. Pase a un platón, cubra con papel de aluminio, sin apretar y deje reposar entre 3 y 5 minutos antes de servir.

*Para Servir: Sirva las brochetas sobre una cama de arroz pilaf acompañando con la Ensalada Asada de Pimientos Rojos, Cebolla Dulce y Jitomates (página 79). Ase los vegetales y haga la ensalada antes de asar el cordero.*

RINDE DE 4 A 6 PORCIONES.

## VARIACIONES DE BROCHETAS

El cordero es una carne que se usa tradicionalmente para hacer brochetas, una preparación antiquísima, originaria del Medio Este. Pero se pueden usar otras carnes, vegetales e incluso tofu. Experimente con cubos de carne de res sazonados con unto de especias alternados con trozos de pimiento (capsicum) rojo o amarillo, o trozos de lomo de puerco con trozos de piña y cebolla dulce. Y, si desea otra forma de servirlas, retire la carne y los vegetales después de asarlos y sírvalos dentro de pan árabe caliente.

# FILETE DE FALDA DE RES
# CON MARINADA DE JENGIBRE

Haga cortes de 6 mm (¼ in) en el filete de falda de res a través de la veta, 3 ó 4 veces en ambos lados.

Para hacer la marinada, mezcle la salsa de soya, mirin, aceite de cacahuate y ajonjolí, jengibre, cebollita de cambray, ajo y aceite de chile en un tazón pequeño. Coloque el filete en un refractario o en una bolsa de plástico con cierre hermético y cubra con la marinada. Tape o selle; deje reposar, hasta por 2 horas a temperatura ambiente o toda la noche en el refrigerador, volteando ocasionalmente. Si lo refrigera, saque 30 minutos antes de asarlo.

Prepare un asador de carbón o de gas para asar directamente sobre fuego medio-alto (página 107).

Retire el filete de la marinada y seque con una toalla de papel. Ase directamente sobre fuego medio-alto, de 6 a 10 minutos en total, volteándolo 2 ó 3 veces, hasta que esté bien dorado. (Pase el filete a la parte menos caliente de la parrilla si salen flamazos). Revise la cocción cortando la carne o tomando la temperatura con un termómetro de lectura instantánea. El filete término rojo estará rojo en el centro y registrará de 49º a 52ºC (120º-125ºF); el filete término medio-rojo estará rojo o rosado en el centro y registrará de 54º a 57ºC (130º-135ºF), el término medio estará rosado y registrará 60ºC (140ºF). No cocine el filete de falda de res más de término medio, o se hará duro. Páselo a un platón, cubra con papel de aluminio, sin apretar y déjelo reposar durante 5 minutos. Para servir, corte en rebanadas diagonales muy delgadas hechas en contra de la veta.

*Nota: El mirin, un vino dulce japonés para cocinar, y el sake se pueden encontrar en los mercados asiáticos o en la sección asiática de muchos supermercados.*

*Para Servir: Sírvalo con Quesadillas de Champiñones Silvestres (página 84) y Brochetas Jardinera (página 83).*

RINDE DE 4 A 6 PORCIONES

**JENGIBRE FRESCO**

El jengibre fresco se encuentra actualmente en la mayoría de los supermercados, en el departamento de frutas y verduras. Prepararlo es muy sencillo: corte una pieza del tamaño que necesite y, usando un cuchillo mondador o un pelador de verduras, retire la piel delgada de color beige y corte o ralle según indique la receta. Algunos cocineros prefieren envolver el jengibre picado en manta de cielo (muselina) o en una toalla de cocina y le exprimen el jugo para usarlo en marinadas y salsas. El jengibre fresco se conserva hasta 3 semanas en una bolsa de plástico en el cajón de las verduras dentro del refrigerador. Úselo en salsas, aderezos para ensalada, para freir o cuando usted quiera tener un sabor estimulante y sazonado.

1 filete de falda de res, de 1 a 1.5kg (2-3 lb), sin grasa

PARA LA MARINADA DE JENGIBRE

¼ taza (60 ml/2 fl oz) de salsa de soya

¼ taza (60 ml/2 fl oz) de mirin, sake o jerez dulce (vea Nota)

½ taza (125 ml/4 fl oz) de aceite de cacahuate o aceite vegetal

1 cucharada de aceite de ajonjolí asiático

¼ taza (30 g/1 oz) de jengibre fresco pelado y picado

¼ taza (30 g/1 oz) de cebollita de cambray picada, incluyendo sus partes suaves de color verde

4 dientes de ajo, picados

1 cucharada de aceite de chile o pasta de chile

# LOMO DE PUERCO EN MARIPOSA CON SALSA DE MANGO Y LIMÓN

PARA EL UNTO AHUMADO DE ESPECIAS:

2 cucharadas de polvo puro de chile, de preferencia chipotle

1 cucharada de ajo en polvo

1 cucharadita de cebolla en polvo

1 cucharadita de salvia seca

1½ cucharadita de sal

2 lomos de puerco de 750g (1½ lb) cada uno, sin grasa

Aceite de oliva o vegetal para barnizar

Salsa de Mango y Limón (*vea explicación a la derecha*) para servir

Virutas o trozos de madera, remojados durante 30 minutos y escurridos (página 111)

Para hacer el unto de especias, mezcle el chile en polvo, ajo en polvo, cebolla en polvo, salvia seca y sal en un tazón pequeño.

Corte cada lomo a la mitad a lo ancho, sin llegar hasta abajo. Corte en mariposa cortando cada una de las 4 partes a lo largo, sin llegar hasta abajo. Abra cada pieza como un libro y golpéela con la parte plana del cuchillo o con un aplanador, para adelgazarla. Barnice el lomo con aceite por ambos lados y espolvoree generosamente con el unto de especias. Coloque en un refractario, cubra y deje reposar, volteándolo ocasionalmente, durante 2 horas a temperatura ambiente o toda la noche en el refrigerador. Si lo refrigera, sáquelo 30 minutos antes de asarlo.

Prepare un asador de carbón o de gas para asar directamente sobre fuego medio-alto (página 107), dejando una porción del asador sin calentar. Engrase la parrilla con aceite.

Rocíe las virutas de madera sobre el carbón o añádalas en una bolsa de papel de aluminio perforada al asador de gas (página 111). Ase los lomos directamente sobre fuego medio-alto, 4 ó 5 minutos de cada lado, volteándolos una vez, hasta que estén bien dorados. Revise la cocción cortando al centro de la carne o tomando la temperatura con un termómetro de lectura instantánea. El puerco deberá estar ligeramente rosado en el centro y la temperatura interna deberá registrar 68ºC (155ºF). Si los lomos están bien dorados pero todavía un poco crudos, páselos a la parte menos caliente de la parrilla, tape la parrilla y continúe asándolos el tiempo necesario.

Pase la carne a un platón, cubra con papel de aluminio, sin apretar, y deje reposar de 5 a 10 minutos. Para servirlo, corte diagonalmente en contra de la veta y acompañe con la salsa.

*Para Servir: Sirva con Quesadillas de Champiñones Silvestres (página 84).*

RINDE 4 PORCIONES

## SALSA DE MANGO Y LIMÓN

Las salsas de frutas son sabrosas, llenas de colorido y fáciles de hacer, además de ser un excelente aderezo para la carne, pollo o pescado a la parrilla. Para hacer la salsa de mango y limón, mezcle 2 mangos en cuadritos, 1 jitomate amarillo maduro en cuadritos, 1 cebolla dulce en cuadritos, el jugo de 1 limón, 1 chile serrano o jalapeño sin semillas, 2 cucharadas de menta fresca picada, 1 cucharada de miel, y 2 cucharaditas de sal en un tazón. La salsa se puede hacer 2 horas antes de servirla. Puede sustituir los mangos por duraznos, chabacanos, piña o papaya maduros.

# AVES A LA PARRILLA

*El pollo a la parrilla es un platillo clásico, pero no siempre está bien preparado. El truco es cocinarlo sin dejar que la carne se seque o se queme la piel. Las recetas que mostramos a continuación aseguran resultados excelentes y deliciosos cada vez que las haga, además de que llevan al asador el pavo, pato y gallinitas, logrando resultados muy sabrosos.*

# POLLO ASADO CON SALSA BARBECUE
# ESTILO CASERO

Para hacer el unto de hierbas coloque la paprika, ajo en polvo, orégano, romero, sal y pimienta en un tazón pequeño. Espolvoree generosamente sobre todas las piezas de pollo previamente barnizadas con aceite, frote y deje reposar a temperatura ambiente hasta por 1 hora.

Prepare el asador de carbón o gas para asar indirectamente sobre calor medio-alto (página 107).

Coloque los trozos de madera sobre el carbón o agregue en un paquete perforado de aluminio sobre un asador de gas (página 111). Ase el pollo directamente sobre calor medio-alto, de 3 a 5 minutos de cada lado, volteando una vez, hasta dorar bien. (Pase el pollo a las zonas menos calientes del asador si salen flamazos.) Pase las piezas a una zona menos caliente del asador, tape el asador y cocine 5 minutos. Barnice ambos lados de las piezas de pollo libremente con salsa barbecue y cocine 5 minutos más. Revise la cocción cortando el pollo cerca del hueso y tomando la temperatura con un termómetro de lectura instantánea. El pollo no deberá mostrar señas de color rosado, y la temperatura deberá ser mínimo de 71ºC (160ºF). Continúe cociendo según se necesite. A medida que las piezas terminen de cocinarse (las pechugas estarán listas primero), páselas a un platón y tape con papel aluminio, sin apretar, hasta que estén listas para servirse.

*Nota: Asegúrese de hervir la salsa barbecue que haya estado en contacto con el pollo crudo. Esto incluye toda la salsa restante en el tazón después de que el pollo se ha barnizado durante su cocción. La brocha usada para barnizar debe lavarse con jabón y agua caliente antes de usarse otra vez para aplicar salsa sobre el pollo cocido. La salsa sobrante puede taparse y refrigerarse hasta por 2 semanas.*

*Para Servir: Sirva con Mazorcas de Elote Asado con Mantequilla de Chipotle (página 76) y Ensalada Asada de Pimiento Rojo, Cebolla Dulce y Jitomate (página 79).*

RINDE 4 PORCIONES

## SALSA BARBECUE

A continuación presentamos una salsa barbecue fácil de hacer para barnizar sobre pollo, puerco o res durante los últimos minutos de la cocción. En un cazo sobre calor bajo, bata 2 tazas (500 g/16 oz) de salsa de jitomate con $\frac{1}{4}$ taza (60 ml/2 fl oz) de vinagre blanco destilado; $\frac{1}{4}$ taza (75 g/2$\frac{1}{2}$ oz) de miel de maíz o vainilla; 1 cucharada de mostaza seca; 1 cucharada de polvo de chile puro; 1 cucharadita de comino, 1 cucharadita de orégano seco, 1 cucharadita de pimienta recién molida y 2 cucharadas de bourbon (opcional). Hierva de 20 a 30 minutos, moviendo a menudo. Agregue sal y salsa picante al gusto. Rinde aproximadamente 2$\frac{1}{2}$ tazas (625 g/20 oz).

## PARA EL UNTO DE HIERBAS:

1 cucharada de paprika dulce

1 cucharadita de ajo en polvo

1 cucharada de orégano seco

1 cucharadita de romero seco

1$\frac{1}{2}$ cucharadita de sal

1 cucharadita de pimienta recién molida

1 pollo de 1.25 a 1.5 kg (2$\frac{1}{2}$ – 3 lb) en piezas; 4 medias pechugas con hueso; u 8 muslos de pollo con hueso

Salsa Barbecue (*vea explicación a la izquierda*)

Virutas o trozos de madera, remojados 30 minutos y escurridos (página 111)

# GALLINITAS BAJO UN LADRILLO
## ESTILO ITALIANO

PARA LA MARINADA:

2 tazas (500 ml/16 fl oz) de aceite de oliva

¼ taza (60 ml/2 fl oz) de vinagre balsámico

6 dientes de ajo picados

2 cucharadas de albahaca fresca picada o 1 cucharada de seca

2 cucharadas de orégano fresco picado o 1 cucharada de seco

1 cucharadita de hojuelas de chile triturado

1 limón, su jugo

1 cucharada de sal

2 cucharaditas de pimienta negra molida

4 gallinitas, partidas por atrás y aplanadas, o 2 pollos pequeños a la mitad

4 ladrillos limpios u otros pesos, envueltos en papel aluminio

Virutas o trozos de madera, remojados 30 minutos y escurridos (página 111)

Para hacer la marinada, mezcle el aceite, vinagre, ajo, albahaca, orégano, hojuelas de chile, jugo de limón, sal y pimienta negra en un tazón pequeño. Coloque las gallinitas o pollos en mitades en un refractario o bolsa de plástico con cierre hermético y cubra con la marinada. Tape o selle y deje reposar a temperatura ambiente, volteando de vez en cuando, durante 2 horas o toda la noche dentro del refrigerador. Si las refrigera, sáquela 30 minutos antes de asarlas.

Prepare un asador de carbón o gas para asar indirectamente sobre calor medio-alto (página 107).

Espolvoree los trozos de madera sobre el carbón o agréguelos en una bolsa de aluminio perforada al asador de gas (página 111). Retire las aves de la marinada y seque con toallas de cocina. Colóquelas directamente sobre el asador a calor medio-alto, con la piel hacia arriba y coloque un ladrillo envuelto en papel aluminio sobre cada una. Ase de 5 a 7 minutos, hasta que estén bien doradas en la parte inferior, moviendo las aves a las partes menos calientes del asador si salen flamazos. Voltee las gallinitas, vuelva a poner los ladrillos y ase otros 5 minutos, hasta que el lado de la piel esté bien dorado. Retire los ladrillos y coloque las gallinitas en la zona menos caliente del asador, con la piel hacia arriba. Revise la cocción al cortar las gallinitas cerca del hueso del muslo o tomando la temperatura con un termómetro de lectura instantánea en la parte más gruesa. Las gallinas no deberán mostrar ningún rasgo de color rosado cerca del hueso y deben registrar una temperatura mínima de 71ºC (160ºF). Tape el asador y continúe cocinando de 10 a 15 minutos más, según sea necesario.

Pase las aves a un platón, tape sin apretar con papel aluminio y deje reposar 5 minutos antes de servir.

*Para Servir: Sirva gallinitas enteras o mitades de pollitos con pasta acompañada de Salsa de Jitomate Asado (página 33). Haga la salsa antes de asar las aves.*

RINDE 4 PORCIONES

### GALLINITAS BAJO UN LADRILLO

El método italiano para asar, aplana las aves y las detiene uniformemente contra la parrilla para que se cocinen en forma rápida y pareja. Use la misma técnica para cualquier ave partida, como codorniz, pichón o gallinita de guinea. Las chuletas o costillas de puerco también pueden cocerse bajo un peso para que no se enchinen al asarlas sobre la parrilla. Los ladrillos, piedras de río, herramientas de metal y otros pesos funcionan bien. Sin embargo, no use alimentos enlatados como peso, pues pueden calentarse y explotar.

# PECHUGAS DE POLLO RELLENAS CON SALVIA FRESCA Y MOZZARELLA

Prepare un asador de carbón o gas para asar directamente sobre calor medio-alto (página 107) y engrase la rejilla con aceite.

Usando un cuchillo largo, delgado y filoso parta las pechugas de pollo en mariposa: corte horizontalmente en la parte más gruesa de cada pechuga hasta 12 mm (½ in) del otro lado. Abra las pechugas como si fuera un libro y colóquelas entre capas de plástico adherente. Golpee ligeramente con la parte plana de una cuchilla de carnicero o cuchillo para aplanar y emparejar el grosor. Retire la capa superior de plástico adherente y ponga 1 rebanada de queso y 2 hojas de salvia en una mitad de la pechuga aplanada. Espolvoree con sal y pimienta y doble el pollo sobre el queso. Cubra con aceite y espolvoree ambos lados con sal y pimienta negra. Repita con las pechugas de pollo y relleno restante.

Para hacer la mantequilla de salvia, mezcle con un tenedor la mantequilla, salvia, ajo y pimienta de cayena en un tazón pequeño e integre. Reserve o dé forma de cilindro envolviendo en papel encerado y refrigere hasta el momento de usarla.

Ase el pollo por un lado directamente sobre calor medio-alto de 3 a 5 minutos, voltee cuidadosamente con una espátula. Ase por el otro lado 3 minutos. Revise la cocción cortando en el centro de una de las pechugas. No debe mostrar ninguna seña de color rosado. Cocine más tiempo si es necesario, pero tenga cuidado de no cocer demasiado, ya que las pechugas de pollo se secan y endurecen si se cuecen de más.

Cubra cada pechuga con 1 cucharada o más de mantequilla de salvia y sirva.

*Para Servir: Haga una ración doble de mantequilla de salvia y mezcle el sobrante con pasta cocida. Sirva las pechugas de pollo acompañando o cubriendo la pasta , adornando con hojas de salvia fresca.*

RINDE 4 PORCIONES

## SALVIA

La salvia es un complemento delicioso para el pollo, pavo o puerco. Cada una de estas carnes permite que aparezca un suave sabor a hierbas, en cambio el cordero o res lo opacarían. A menos que una receta lo especifique de diferente forma, siempre busque hierbas frescas. Puede sustituir las hierbas secas en una tercera parte o a la mitad de la cantidad solicitada de hierbas frescas, pero las frescas darán un mejor sabor a sus platillos.

Aceite de oliva o canola para barnizar

4 mitades de pechuga de pollo, sin piel ni hueso

4 rebanadas de queso mozzarella

8 hojas de salvia fresca

Sal y pimienta negra recién molida

PARA LA MANTEQUILLA DE SALVIA:

½ taza (125 g/4 oz) de mantequilla con sal, a temperatura ambiente

1 cucharada de salvia fresca picada

2 dientes de ajo picados

¼ cucharadita de pimienta de cayena

# MUSLOS DE PAVO RELLENOS DE CHILE

4 muslos de pavo con piel y
sin hueso (vea Nota)

1 lata (220 g/7 oz) de chipotles
en adobo (*vea explicación a la
derecha*)

1 taza (120 g/4 oz) de queso
Monterrey Jack, rallado

1 chile verde tipo Anaheim u
otro chile suave, asado, pelado
(página 114) y picado

1 cucharada de polvo puro de
chile

Sal

Aceite de oliva o aceite
vegetal para cubrir

Extienda los muslos con la piel hacia abajo, sobre una superficie de trabajo. Ponga 1 ó 2 chipotles (retire las semillas para disminuir el picor ligeramente) en el centro de cada muslo y cubra con ¼ taza (30 g/1 oz) de queso desmenuzado y una cuarta parte del chile verde picado. Enrolle los muslos alrededor de los chiles y queso y amarre en 2 ó 3 lugares con cordón para cocina. Barnice por fuera de los muslos con la salsa de adobo de la lata y espolvoree con el polvo de chile y sal. Tape y deje marinar hasta por 2 horas a temperatura ambiente o durante la noche en el refrigerador. Si los refrigera, sáquelos 30 minutos antes de asar.

Prepare un asador de carbón o gas para asar indirectamente sobre calor medio-alto (página 107) y barnice la rejilla del asador con aceite.

Ase los muslos, con la piel hacia abajo, directamente sobre calor medio-alto de 5 a 7 minutos, hasta que estén bien dorados. (Páselos a una zona menos caliente del asador si salen flamazos.) Voltee y pase a las zonas menos calientes del asador. Tape el asador y cocine de 12 a 15 minutos más. Revise la cocción al cortar en el centro de un muslo o tomando la temperatura con un termómetro de lectura instantánea. El pavo no debe mostrar ninguna seña de color rosado y registrar una temperatura mínima de 71°C (160°F). Continúe cociendo según se necesite. Pase a un platón, tape ligeramente con papel aluminio y deje reposar 5 minutos antes de servir.

*Nota: Si no puede encontrar muslos de pavo sin hueso, retire el hueso pasando un cuchillo delgado y filoso debajo del hueso del muslo y levántelo, dejando la carne en una sola pieza.*

*Para Servir: Sirva con Quesadillas de Hongos Silvestres (página 84). Ase las quesadillas sobre calor directo mientras los muslos de pavo se cocinan sobre calor indirecto o reposan antes de servir.*

RINDE 4 PORCIONES

CHIPOTLES

Los chipotles son chiles jalapeños maduros de color rojo que se han secado y ahumado. Se pueden encontrar en las tiendas latinas de abarrotes, pero la mejor forma de comprarlos para esta receta son en lata y en salsa de adobo, una mezcla sazonada de jitomate y cebolla. Los chipotles en adobo en lata se pueden encontrar en la mayoría de supermercados. Use los chiles siempre que quiera algo ahumado y picoso; y agregue un chorrito de salsa de adobo para sazonar salsas de pollo, pescado o puerco asado.

# PECHUGAS DE PATO ASADAS
# CON SALSA DE ZINFANDEL SECO DE CEREZA

COMBINANDO PATO Y
FRUTA

Esta receta combina cerezas
secas con pato, pero otras frutas
secas también pueden mezclarse
con alguna salsa con base de
vino, servida con codornices,
faisán, puerco o jamón ahumado.
En lugar de las cerezas secas
con el vino Zinfandel usado en
esta receta, experimente con
arándanos secos con Pinot Noir,
duraznos o chabacanos secos con
Riesling o Gewürztraminer, peras
secas con Sauvignon Blanc o
manzanas secas con Chardonnay,
variando las especias y
hierbas al gusto.

Prepare un asador de carbón o gas para asar directamente sobre calor medio (página 107).

Para hacer el unto de especias, coloque el jengibre, cinco especias en polvo, pimienta blanca y sal en un tazón pequeño. Espolvoree generosamente por ambos lados de las pechugas de pato y frote.

Para hacer la salsa, combine el consomé, vino, cerezas secas, salsa de soya y miel de maíz en un cazo. Cocine sobre calor alto, de 7 a 10 minutos, moviendo con frecuencia, hasta reducir aproximadamente a la mitad. Retire del calor. Integre la mezcla de fécula de maíz y cocine sobre calor medio durante 1 minuto, moviendo constantemente para espesar la salsa. Reserve y mantenga caliente.

Coloque las pechugas de pato sobre el asador, con la piel hacia abajo, directamente sobre calor medio. Tape el asador y cocine de 7 a 10 minutos hasta que el pato esté dorado por el lado inferior, revisando de vez en cuando que no salgan flamazos y moviendo el ave a la parte menos caliente del asador si fuera necesario. Voltee y ase 5 minutos más. Revise la cocción cortando en la pechuga o tomando la temperatura con un termómetro de lectura instantánea. Las pechugas de pato deben cocinarse término mediocrudo o término medio, y dejar algún tono rosado en el centro, o hasta que un termómetro de lectura instantánea registre entre 57º y 60ºC (135º-140ºF). Continúe cociendo según se necesite.

Pase a un platón, tape ligeramente con papel aluminio y deje reposar 5 minutos. Para servir, rebane cada pechuga de pato diagonalmente y sirva con cucharadas de la salsa a sobre el pato.

*Nota: El unto de hierbas de esta receta también es delicioso sobre pollo o puerco.*

*Para Servir: Sirva sobre arroz con Hongos Portobello Asados con Aceite de Albahaca (página 80).*

RINDE 4 PORCIONES

**PARA EL UNTO DE ESPECIAS:**

1 cucharada de jengibre molido

1 cucharada de polvo chino de cinco especias

1 cucharada de pimienta blanca recién molida

1½ cucharadita de salvia

4 medias pechugas de pato con piel y sin huesos

**PARA LA SALSA:**

1 taza (250 ml/8 fl oz) de consomé de pollo o consomé bajo en sodio en lata

¼ taza (60 ml/2 fl oz) de vino Zinfandel tinto seco con cuerpo u otro

½ taza (60 g/2 oz) de cerezas dulces secas

1 cucharada de salsa de soya oscura

1 cucharada de miel de maíz oscura

1 cucharada de fécula de maíz (maizena) disuelta en 2 cucharadas de vino o agua

# PAVO ENTERO ASADO

**PARA EL UNTO DE ESPECIAS Y CHILE :**

**¼ taza (20 g/¾ g) de polvo puro de chile**

**2 cucharadas de paprika dulce**

**1 cucharada de orégano seco**

**1 cucharadita de comino molido**

**1 cucharadita de romero seco**

**1 cucharada de sal**

**½ cucharadita de pimienta de cayena**

**1 pavo pequeño de 4 a 6 kg (8-12 lb) o 2 pollos grandes de 2 a 3 kg (4-6 lb) cada uno**

**Aceite de oliva o vegetal para barnizar**

**Virutas o trozos de madera remojados 30 minutos y escurridos (página 111)**

Para hacer el unto de especias, mezcle el polvo de chile, paprika, orégano, comino, romero, sal y pimienta de cayena en un tazón pequeño.

Barnice el pavo con aceite, espolvoree generosamente con las especias cubriendo toda el ave y frote. Si tiene algún sobrante, frote la cavidad interior.

Prepare un asador de carbón o gas para asar indirectamente sobre calor medio-alto (página 107). Si tiene el aditamento para rostizar en su asador, es conveniente cocinar este platillo en él (*vea explicación a la derecha*).

Espolvoree los trozos de madera sobre el carbón o agréguelos en un paquete perforado de papel aluminio al asador de gas (página 111). Ase el pavo o los pollos sobre calor indirecto o con el aditamento para rostizar en un asador tapado aproximadamente durante 1 hora para el pavo o 45 minutos para el pollo. Revise de vez en cuando para asegurarse que la piel no se esté dorando demasiado y tape la pechuga con papel aluminio, sin apretar, si fuera necesario. Si usa el aditamento para rostizar, disminuya el calor en el asador de gas o use pinzas para retirar algunos carbones del asador de carbón para disminuir el nivel de calor; agregue más carbones según sea necesario para reanimar el fuego. Después de 45 minutos, revise la cocción cortando el interior del muslo junto al hueso o tomando la temperatura con un termómetro de lectura instantánea en la parte más gruesa. El pavo o pollo no deberán mostrar ninguna seña de color rosado cerca al hueso y deben registrar una temperatura mínima de 71ºC (160ºF). Continúe cociendo el tiempo necesario. Pase a un platón, tape ligeramente con papel aluminio y deje reposar 15 minutos para el pavo y 10 minutos para el pollo. Corte y sirva.

*Para Servir: Sirva con Mazorcas de Elote Asadas con Mantequilla de Chipotle (página 76), Papas Cambray Asadas con una Costra de Pimienta (página 87) y Pan de Elote con Jalapeño (página 101). Hornee el pan de elote antes de asar el ave, posteriormente ase los vegetales sobre calor directo mientras que el ave se cocina sobre calor indirecto o reposa antes de servir.*

RINDE DE 6 A 8 PORCIONES

ROSTIZANDO

Rostizando en un trinche es una forma ideal para cocinar un pavo pequeño o un par de pollos. Le sugerimos amarre las patas del ave juntas y sujete las alas. Esto hace al ave más fácil de manejar y permite ponerla en el trinche. Posteriormente, pase el trinche a través de la cavidad metiendo una de las puntas dentro los muslos y la otra en la pechuga. El truco para rostizar es acomodar el alimento bien en el trinche para que voltee de una forma suave y pareja. Muchos asadores incluyen contrapesos que ayudan.

# POLLO SATAY CON SALSA DE CACAHUATE

## SALSA DE CACAHUATE
Para hacer salsa de cacahuate caliente 2 cucharadas de aceite de cacahuate o aceite vegetal en un cazo que no sea de aluminio sobre calor medio-alto. Agregue ¼ taza (30 g/1 oz) de cebollitas de cambray incluyendo sus tallos y saltee de 2 a 3 minutos, hasta que estén translúcidas. Integre ½ taza (125 ml/4 fl oz) de consomé de pollo o caldo de pollo bajo en sodio de lata, 1 cucharadita de azúcar, el jugo de ½ limón, 1 cucharada de salsa de soya y ¼ taza (30 g/1 oz) de cacahuates picados. Hierva a fuego lento sobre calor bajo 10 minutos, moviendo a menudo. Agregue salsa de chile asiático al gusto.

Para hacer la marinada, mezcle el aceite, jugo de limón, ajo, cebollitas, jengibre, salsa de soya y aceite de chile en un tazón pequeño.

Coloque los trozos de pollo en un refractario o bolsa de plástico con cierre hermético y cubra con la marinada. Tape o selle y deje reposar, volteando de vez en cuando, durante 2 horas a temperatura ambiente o durante toda la noche dentro del refrigerador. Si lo refrigera, sáquelo 30 minutos antes de asar.

Prepare un asador de carbón o gas para asar directamente sobre calor medio-alto (vea página 107).

Retire el pollo de la marinada, seque con toallas de papel y ensarte en los palillos para brochetas. Ase las brochetas directamente sobre calor medio-alto, volteando una vez. Revise la cocción cortando en un trozo de pollo. No deberá tener ningún rastro de color rosado.

Sirva las brochetas sobre arroz cocido cubierto con salsa de cacahuate caliente.

*Variación: También puede hacer esta receta con filete de puerco o falda de res. El puerco debe cocinarse a 68ºC (155ºF), la falda a 52ºC (125ºF). Adapte el tiempo de cocción dependiendo de lo que use.*

RINDE 4 PORCIONES

PARA LA MARINADA:

½ **taza (125 ml/4 fl oz) de aceite de cacahuate o aceite vegetal**

1 limón sin semilla, su jugo

4 dientes de ajo, picados

¼ taza (30 g/1 oz) de cebollitas de cambray, picadas, incluyendo sus partes suaves de color verde

2 cucharadas de jengibre fresco, pelado y picado

2 cucharadas de salsa de soya

1 cucharadita de aceite o salsa asiática de chile, o al gusto

500 g (1 lb) de muslos de pollo sin piel ni hueso, sin grasa y cortados en trozos de 2.5 cm (1 in)

1½ taza (330 g/10½ oz) de arroz blanco cocinado de acuerdo a las direcciones del paquete, para acompañar

Salsa de cacahuate (*vea explicación a la izquierda*) para acompañar

8 palillos de madera para brocheta, remojados por 30 minutos, o pinchos de metal

# MARISCOS A LA PARRILLA

*El pescado y los mariscos quedan mejor cuando se asan rápidamente sobre el fuego. Sobre todo, no se debe cocinar demasiado estos alimentos tan delicados. La mejor técnica es sencilla pero efectiva: barnice una parrilla con un poco de aceite. Cuando esté bien caliente, ase el pescado y los mariscos durante pocos minutos, hasta que estén ligeramente cocidos. Se puede agregar un unto de hierbas y especias o alguna salsa para complementar, no opacar, el sabor delicado de los pescados y mariscos.*

# PEZ ESPADA ESTILO SICILIANO

Prepare un asador de carbón o gas para asar directamente sobre calor alto (página 107) y engrase la rejilla con aceite. Barnice el pescado con aceite.

Para hacer el unto de especias, mezcle el ajo en polvo, albahaca, semillas de hinojo, hojuelas de chile, sal y pimienta con limón en un tazón pequeño. Espolvoree generosamente ambos lados de cada filete de pescado con el unto de especias.

Para hacer la salsa, mezcle las aceitunas, jitomates, albahaca, ajo, pimienta de cayena, aceite y jugo de limón en un tazón. Pruebe y sazone con sal. Reserve.

Ase el pez espada directamente sobre calor alto, de 3 a 4 minutos de cada lado, volteando una vez, hasta que se le hagan las marcas de la rejilla, esté firme al tacto y totalmente opaco. Para servir acomode los filetes de pescado en platos individuales y cubra con la salsa o sirva acompañando con la salsa.

*Variación: Sirva mezclando la salsa con su pasta favorita.*

RINDE 4 PORCIONES

### COCINANDO CON ACEITUNAS

Las aceitunas sicilianas negras, arrugadas y curadas en sal son una elección perfecta para esta receta. Sin embargo, también puede usar otras aceitunas negras en salmuera o en sal. Pruebe las Kalamatas de Grecia, las negras diminutas Nicoise o cualquiera de las aceitunas negras de España e Italia. Cuando cocine con aceitunas tenga cuidado al agregar sal a su platillo, ya que la mayoría de las aceitunas son bastante saladas. Pruebe las aceitunas, agréguelas al platillo, pruebe y decida si agrega más sal. Si las aceitunas se sienten demasiado saladas, puede blanquearlas 1 minuto en agua hirviendo y después escurrirlas.

Aceite de oliva para barnizar

4 filetes de pez espada, aproximadamente de 250 g (½ lb) cada uno

PARA EL UNTO DE ESPECIAS:

1 cucharada de ajo en polvo

1 cucharada de albahaca fresca

1 cucharadita de semillas de hinojo, molido en un mortero o molino de especias

¼ cucharadita de hojuelas de chile, triturado

1½ cucharadita de sal

1 cucharadita de pimienta con limón o pimienta negra recién molida

PARA LA SALSA:

¼ taza (1½ oz/45 g) de aceitunas sicilianas sin hueso u otro tipo de aceitunas negras

1 taza (185 g/6 oz) de jitomates picados

¼ taza (7 g/¼ oz) de albahaca fresca, picada

3 dientes de ajo, picados

¼ cucharadita de pimienta de cayena

2 cucharadas de aceite de oliva extra virgen

½ limón, su jugo

Sal

# BROCHETAS DE PEZ ÁNGEL
# CON ENSALADA DE PAPAYA VERDE

**Aceite vegetal para barnizar**

PARA LA ENSALADA:

**2 tazas (185 g/6 oz) de papaya verde, pelada y rallada**

**½ taza (45 g/1½ oz) de cebolla morada en rebanadas delgadas**

**1 chile jalapeño**

**1 limón sin semilla, su jugo**

**2 cucharadas de aceite de cacahuate**

**1 cucharada de salsa de soya**

**1 cucharadita de aceite asiático de ajonjolí**

**Sal**

**500 g (1 lb) de filetes de pez ángel**

**16 a 20 de hongos cremini o champiñones frescos, cepillados**

PARA EL UNTO DE ESPECIAS:

**1 cucharada de paprika dulce**

**1 cucharadita de ajo en polvo**

**1 cucharadita de cebolla en polvo**

**1 cucharadita de polvo chino de cinco especias**

**1 cucharadita de pimienta con limón**

**¼ cucharadita de pimienta de cayena**

**1½ cucharadita de sal**

**8 palillos de madera para brochetas, remojados 30 minutos, o pinchos de metal**

Prepare un asador de carbón o gas para asar directamente sobre calor alto (página 107) y engrase la rejilla con aceite.

Para hacer la ensalada de papaya, combine la papaya y cebolla en un tazón. Retire las semillas del chile jalapeño, pique y mézclelo con la papaya, cebolla, jugo de limón, aceite de cacahuate, salsa de soya y aceite de ajonjolí. Pruebe y sazone con sal.

Corte los filetes de pescado en trozos de 2.5 cm (1 in). Ensarte los trozos en los pinchos alternando con los hongos enteros. Barnice con aceite.

Para hacer el unto de especias, mezcle la paprika, ajo en polvo, cebolla en polvo, cinco especias en polvo, pimienta con limón, pimienta de cayena y sal en un tazón pequeño. Espolvoree generosamente sobre las brochetas.

Ase las brochetas directamente sobre calor alto, de 8 a 10 minutos en total, volteando a menudo, hasta que el pescado esté bien dorado en la superficie, firme al tacto y totalmente opaco.

Sirva con la ensalada de papaya.

RINDE 4 PORCIONES

PAPAYA VERDE

Una papaya parece una pera grande, con piel verde pálida que se madura en tonos de amarillo y naranja. En el sur-este de Asia y Latinoamérica la papaya verde y crujiente se considera un vegetal y se presenta rallada en ensaladas. Si encuentra una papaya verde en su mercado o tienda de abarrotes asiáticos, podrá saborear el delicioso sabor que da a la ensalada asiática que incluimos en esta receta. Si no, use col tipo napa, savoy u otro tipo de col. Esta ensalada de papaya también combina con pollo asado.

# FILETES DE ATÚN ASADOS SOBRE HIERBAS

Prepare un asador de carbón o gas para asar directamente sobre calor alto (página 107) y engrase la parrilla con aceite. Barnice los filetes de atún con aceite.

Para hacer el unto de hierbas, mezcle el tomillo, sal y pimienta con limón en un tazón pequeño. Espolvoree generosamente por ambos lados del pescado.

Justo antes de colocar el pescado en el asador, ponga el tomillo escurrido directamente sobre el carbón o quemador. Coloque los pescados sobre el tomillo, tape y ase, de 3 a 4 minutos de cada lado, volteando una sola vez, hasta dorar por la superficie pero dejar crudo en el interior.

Sirva los filetes de atún acompañando con una o dos ramas de tomillo.

*Nota: El atún ahí o de aleta amarilla sushi es el pescado típicamente usado por los chefs japoneses para sus preparaciones de atún crudo. Su control de calidad es más estricto en cuanto a su frescura y se puede servir crudo.*

*Variación: Recomendamos filete de tiburón, pez espada, halibut u otro pescado de carne firme para sustituir el atún. Varíe el tiempo de asado según sea necesario para cocinar estos lomos o filetes hasta que estén totalmente opacos.*

RINDE 4 PORCIONES

## AHUMADO DE HIERBAS AROMÁTICAS

Cualquier hierba con tallo duro dará un ahumado aromático y delicioso, además de un intenso sabor cuando se agrega directamente sobre el carbón al asar. Le recomendamos remojar las hierbas en agua entes de usarlas para que se quemen de inmediato. Otras hierbas que también combinan con pescado y pueden sustituir al tomillo de esta receta son el tomillo limón, romero, estragón y orégano. La salvia y el romero son muy buenos para el puerco; el orégano, mejorana, romero y tomillo son deliciosos con pollo; romero y tomillo combinan maravillosamente con carne de res y el romero combina a la perfección con el cordero.

Aceite de oliva o aceite vegetal para barnizar

4 lomos de atún ahí o de aleta amarilla sushi de aproximadamente 2.5 cm (1 in) de grueso y 250 g (½ lb) cada uno (vea Nota)

PARA EL UNTO DE HIERBAS:

1 cucharada de tomillo fresco picado o 1½ cucharaditas de tomillo seco

2 cucharaditas de sal

1 cucharadita de pimienta con limón o pimienta negra fresca molida

1 ó 2 manojos de tomillo fresco, remojados en agua fría 15 minutos y escurridos, más algunas ramas para adornar

# OSTIONES BARBECUE CON SALSA DE CHILE Y JENGIBRE

2 cucharadas de jengibre fresco, pelado y picado

1 ó 2 chiles jalapeños o serranos, sin semillas y picados

¼ taza (30 g/1 oz) de cebollitas de cambray, incluyendo sus partes suaves de color verde, picadas

1½ taza (280 g/9 oz) de jitomates amarillos o rojos picados

1 limón sin semilla, su jugo

1 cucharada de salsa de soya

1 cucharadita de aceite de ajonjolí asiático

Sal

48 ostiones en su concha grandes, tallados

Prepare el asador de carbón o gas para asar directamente sobre calor medio-alto (página 107).

Para hacer la salsa, mezcle el jengibre, chile al gusto, cebollitas de cambray, jitomates, jugo de limón, salsa de soya, aceite de ajonjolí en un tazón. Pruebe y sazone con sal.

Deseche los ostiones cuyas conchas no se cierren al tocarlas. Acomódelos sobre el asador directamente sobre calor medio-alto, tape el asador y cocine los ostiones de 5 a 7 minutos, hasta que abran. Pase los ostiones cocidos a un platón y deseche los que no se hayan abierto.

Usando un guante térmico para proteger su mano, retire las conchas superiores. Ponga un poco de salsa sobre cada ostión y sirva acompañando con la salsa restante.

*Para Servir: Sirva los ostiones barbecue como una botana o como primer plato acompañando con Quesadillas de Hongos Silvestres (página 84).*

RINDE 8 PORCIONES COMO BOTANA Y DE 4 A 6 PORCIONES COMO ENTRADA

**OSTIONES A LA PARRILLA**
Los mejores ostiones para hacer en barbecue son los más grandes ya que tienen más carne, como los del Pacífico u ostiones Kumamato de la costa oeste de Estados Unidos. Las almejas grandes también son deliciosas al cocinarse a la parrilla, así como las vieiras en su concha, aunque no siempre se encuentran. Todos los moluscos bivalvos vivos, con excepción de las almejas de concha suave, se deben cerrar fuertemente cuando se les toca y deben abrirse durante su cocción. Deseche todos los que no lo hagan.

# VIEIRAS CON ESPECIAS Y SALSA DE SAKE Y WASABE

Prepare un asador de carbón o gas para asar directamente sobre calor alto (página 107) y engrase la parrilla con aceite. Tenga lista una canasta especial para asar mariscos o una rejilla si las vieiras fueran tan pequeñas que puedan caerse a través de las barras de la parrilla o, si lo desea, puede usar pinchos.

Para hacer la salsa, mezcle el sake, pasta de wasabe, jengibre y salsa de soya en un tazón pequeño. Reserve.

Coloque las vieiras sobre un platón y barnice generosamente por ambos lados con aceite de ajonjolí. Combine las 2 cucharadas de salsa de soya y wasabe, agregando más salsa de soya si es necesario para hacer una pasta ligera y barnice generosamente cada vieira por todos lados. Deje reposar de 15 a 30 minutos antes de asar.

Ase las vieiras directamente sobre calor alto, de 3 a 4 minutos, volteando una vez, hasta que estén firmes y totalmente opacas.

Sirva las vieiras acompañando con la salsa de sake y wasabe para remojar.

*Nota: La salsa de sake y wasabe es deliciosa con otros mariscos o pescados asados o con pollo o puerco a la parrilla.*

*Para Servir: Sirva estas vieiras con Ensalada Asada de Pimiento Rojo, Cebolla Dulce y Jitomate (página 79). Haga la ensalada antes de asar las vieiras.*

RINDE 6 RACIONES PARA ENTRADA O 4 PARA PRIMER PLATO

## WASABE

Una raiz japonesa similar al rábano, pero sin ninguna relación, el wasabe se puede encontrar fácilmente como polvo seco o en pasta. Si lo usa en polvo, mézclelo con suficiente agua tibia para darle consistencia y deje reposar de 5 a 10 minutos antes de usarlo. La pasta preparada viene en tubos pequeños y tiene un buen sabor, pero después de abrirla se puede echar a perder con el tiempo. Mezcle la pasta de wasabe preparada con salsa de soya para remojar sushi o sashimi; o úsela en una salsa, como es el caso de esta receta.

Aceite de cacahuate o aceite vegetal para barnizar

PARA LA SALSA DE SAKE Y WASABE:

½ taza (125 ml/4 fl oz) de sake, mirin o jerez dulce

1 cucharada de pasta de wasabe (*vea explicación a la izquierda*)

1 cucharada de jengibre fresco, pelado y picado

1 cucharada de salsa de soya

24 vieiras grandes

Aceite de ajonjolí asiático, para barnizar

2 cucharadas de salsa de soya más la necesaria

2 cucharadas de pasta de wasabe

# PARRILLADA DE MARISCOS DEL SUR DE LA FRONTERA

PARA LA ENSALADA DE
JITOMATE Y CEBOLLA:

4 jitomates maduros, cortados
en trozos grandes

1 cebolla morada, picada
grueso

1 limón sin semilla, su jugo

½ chile jalapeño, sin semillas
y picado, o al gusto

2 cucharadas de aceite de
oliva

1 cucharadita de sal

Aceite vegetal para barnizar

4 colas de langosta pequeñas
u 8 camarones grandes
(gambas) pelados y
desvenados

8 vieiras grandes

500 g (1 lb) de filete o lomo
de tiburón, pez espada y/o
atún, cortado en trozos de
2.5 cm (1 in)

1 ó 2 limones sin semilla

1 cucharada de polvo puro de
chile (vea Nota)

2 cucharaditas de sal

12 tortillas de harina grandes

4  palillos de madera para
brochetas, remojados durante
30 minutos, o pinchos de
metal

Para hacer la ensalada, coloque los jitomates en una ensaladera poco profunda. Agregue la cebolla y mezcle. En un tazón pequeño, mezcle el jugo de limón, chile, aceite de oliva y sal. Pruebe y rectifique la sazón. Vierta el aderezo sobre los jitomates y cebolla. Deje reposar la ensalada a temperatura ambiente hasta por 1 hora para permitir que se mezclen los sabores.

Prepare un asador de carbón o gas para asar directamente sobre calor fuerte (página 107) y engrase la parrilla con aceite.

Ensarte las colas de langosta, vieiras y trozos de pescado en los pinchos. Exprima el jugo de limón sobre las brochetas. Mezcle el polvo de chile y sal y espolvoree generosamente sobre las brochetas.

Ase las brochetas de mariscos directamente sobre calor alto, de 3 a 5 minutos, volteando una vez, hasta que los mariscos y pescado estén firmes al tacto y totalmente opacos. Pase a un platón.

Ase las tortilla sobre calor alto, de 2 a 3 minutos por cada lado, volteando una vez, hasta que estén suaves y tengan marcas ligeras de la parrilla.

Retire los mariscos de las brochetas y envuelva en las tortillas. Sirva acompañando con la ensalada de jitomate y cebolla para cubrir las tortillas.

*Nota: El polvo puro de chile puede encontrarse en supermercados bien surtidos y tiendas latinas de abarrotes, o se puede encargarlo por correo.*

*Variación: las vieiras pueden sustituirse por langostinos.*

RINDE 4 PORCIONES

## POLVO PURO DE CHILE

Un polvo finamente molido de chiles secos, el polvo puro de chile, no debe confundirse con la mezcla comercial de especias conocida como polvo de chile. Se usa para sazonar el muy famoso platillo del cocido sureño de los Estados Unidos que lleva ese nombre. El polvo de chile por lo general combina chiles rojos secos molidos, cilantro, orégano, comino y a menudo sal. En esta receta también se puede usar, pero el polvo puro de chile es más recomendado. El sabor de las variedades de chile, ya sea ancho, chipotle, de Nuevo México o cualquier otro tipo, sale a relucir en cualquier platillo terminado. Experimente para decidir cual es su favorito. Si usa una mezcla de polvo de chile, no agregue demasiada sal.

# SALMÓN CON SALSA DE SAKE Y MISO

MISO

Al barnizar pescado, mariscos o pechugas de pollo con miso antes de asarlo a la parrilla le agrega un sabor agradable. El miso es una pasta japonesa de frijol de soya fermentada que puede encontrarse en muchos supermercados hoy en día, así como en las tiendas de abarrotes japonesas o asiáticas. Las variedades blancas y amarillas tienen un sabor más suave que las rojas y cafés. El miso también es delicioso si se mezcla con el consomé japonés de mariscos llamado dashi o si se agrega a los vegetales fritos o al vapor. La base del dashi se puede encontrar en los abarrotes asiáticos. Mézclelo con agua y caliéntelo de acuerdo a las instrucciones del paquete para hacer dashi.

Prepare el asador de carbón o gas para asar directamente sobre calor alto (página 107) y engrase la parrilla con aceite.

Para hacer la salsa de sake y miso, mezcle el sake, dashi, miso, jengibre y cebollitas de cambray en un cazo sobre calor alto. Hierva hasta que se reduzca a la mitad. Retire del fuego e integre la mezcla de fécula de maíz. Vuelva a poner sobre fuego bajo y cocine hasta que espese ligeramente, cerca de 1 minuto. Retire del calor y mantenga caliente.

Para preparar el salmón, si usa filetes, retire la piel del pescado y cualquier espina. (Si usa lomos, deje la piel) En un tazón pequeño, mezcle el miso, sake, salsa de soya y wasabe. Barnice generosamente con la mezcla ambos lados del pescado.

Ase el salmón directamente sobre calor alto, de 3 a 4 minutos de cada lado, volteando una vez, hasta que se le quede la marque de la parrilla. Revise la cocción al cortar el salmón en su parte más gruesa. El salmón es más sabroso si se sirve término medio; o sea con el centro bien rosa o ligeramente rojo. Cocine durante más tiempo si lo desea.

Cubra el salmón con un poco de salsa y sirva, acompañando con la salsa restante.

RINDE 4 PORCIONES

Aceite vegetal para barnizar

PARA LA SALSA DE SAKE Y MISO:

½ taza (125 ml/4 fl oz) de sake, mirin o jerez dulce

1 taza (250 ml/8 fl oz) de dashi (*vea explicación a la izquierda*) o consomé de pollo o pescado

2 cucharadas de miso blanco o amarillo (*vea explicación a la izquierda*)

1 cucharada de jengibre fresco, pelado y picado

¼ taza (20 g/¾ oz) de cebollitas de cambray, incluyendo sus partes suaves de color verde, picada

1½ cucharadita de fécula de maíz (maizena) disuelta en 1 cucharada de salsa de soya

PARA EL SALMÓN:

4 filetes o lomos de salmón

½ taza (125 ml/4 fl oz) de miso blanco o amarillo

¼ taza (60 ml/2 fl oz) de sake, mirin o jerez dulce

1 cucharada de salsa de soya

1 cucharada de pasta de wasabe

# VEGETALES
# A LA PARRILLA

*Una de las mejores formas para cocinar la mayoría de los vegetales es asándolos a la parrilla. Con solo barnizar los vegetales con un poco de aceite y asarlos al carbón durante unos cuantos minutos, se tornarán crujientes, suaves y frescos al paladar para servirlos como guarnición, ensalada o una entrada vegetariana.*

# MAZORCAS DE ELOTE ASADAS CON MANTEQUILLA DE CHIPOTLE

Prepare un asador de carbón o gas para asar directamente sobre calor medio alto (página 107) y engrase la parrilla con aceite.

Cubra cada mazorca de elote con aceite. Espolvoree con sal y pimienta.

Para hacer la mantequilla de chipotle, revuelva la mantequilla con la mezcla de chipotle u otro chile en un tazón pequeño, usando un tenedor. Reserve o haga un cilindro con la mantequilla, forrando con papel encerado, y refrigere hasta el momento que la vaya a usar.

Ase los elotes directamente sobre calor medio alto, de 5 a 7 minutos, volteando a menudo, hasta que se les marquen ligeramente las rayas de la parrilla y se sientan suaves pero crujientes. Pase las mazorcas a un platón, sazone al gusto con más sal y pimienta y cubra con mantequilla de chipotle antes de servir.

RINDE 4 PORCIONES

Aceite vegetal para barnizar

4 mazorcas de elote, sin hojas

Sal y pimienta, recién molida

PARA LA MANTEQUILLA DE CHIPOTLE:

½ taza (125 g/4 oz) de mantequilla sin sal, a temperatura ambiente

2 chipotles en adobo, picados o 1 cucharada de polvo de chipotle puro u otro polvo de chile mezclado con el jugo de ½ limón

### ASANDO ELOTES

Siempre trate de encontrar los elotes más frescos y asarlos el día que los compre. En los mercados podrá encontrar maíz fresco. Puede asarlos sin hojas para darle un sabor más crujiente y ligeramente ahumado o, si desea, abra las hojas, retire las hebras y vuelva a forrar con las hojas para obtener un sabor y una textura más suave. Algunos cocineros remojan las mazorcas antes de asarlas para evitar que se sequen; pero si están frescas, no es necesario. Al envolverlas en papel aluminio y asarlas se cocerán al vapor y no les quedará un sabor tan ahumado.

# ENSALADA ASADA DE PIMIENTO ROJO, CEBOLLA DULCE Y JITOMATE

Aceite de oliva o aceite

vegetal para barnizar

2 pimientos (capsicums) rojos
o verdes

2 cebollas blancas dulces tipo
Maui, Vidalio o Walla Walla,
cortadas en rodajas de 2 cm

(¾ in) de grueso

4 jitomates rojos o amarillos
grandes (aproximadamente
1 kg/2 lb)

1 manojo de albahaca fresca,
sin tallo

PARA LA VINAGRETA DE AJO Y
BALSÁMICO:

2 dientes de ajo, picados

2 cucharadas de vinagre
balsámico

⅓ taza (80 ml/3 fl oz) de
aceite de oliva extra virgen

Sal y pimienta recién molida

Prepare un asador de carbón o gas para asar directamente sobre calor alto (página 107) y engrase la parrilla con aceite.

Coloque los pimientos, rodajas de cebolla y jitomates en un tazón y cubra con el aceite.

Ase los pimientos directamente sobre calor alto, de 5 a 7 minutos, volteando para quemarlos y lograr que se formen ampollas en su piel. Pase a una bolsa de papel o plástico, cierre la bolsa y deje enfriar 10 minutos.

Mientras tanto, ase las rodajas de cebolla de 2 a 3 minutos de cada lado, volteando una vez, hasta que tengan algunas marcas de la parrilla y estén ligeramente suaves. Pase a una tabla de picar. Ase los jitomates de 3 a 4 minutos, volteando a menudo, hasta que tengan las marcas de la parrilla. No cocine demasiado. Pase a una tabla de picar.

Pele los pimientos, corte para abrir, retire las semillas y tallos. Pique grueso y coloque en un platón. Pique las cebollas y descorazone. Pique los jitomates, colocándolos en el platón. Esparza las hojas de albahaca sobre los vegetales, picándolos con anterioridad, si lo desea.

Para hacer la vinagreta, combine el ajo con el vinagre balsámico en un tazón pequeño. Incorpore gradualmente el aceite de oliva, batiendo. Vierta el aderezo sobre los vegetales y mezcle. Sazone al gusto con sal y pimienta y sirva.

RINDE 4 PORCIONES

ASANDO PIMIENTOS

Los pimientos y chiles de todo
tipo, incluyendo los pimientos
maduros y chiles verdes suaves
como los chiles Anaheim o
poblanos, son deliciosos cuando
se asan; al salir ampollas en
sus pieles se pueden pelar más
fácilmente. Si no los va a asar pero
quiere pelarlos, puede asarlos
sobre la flama de gas del
quemador de la estufa o en un
asador precalentado, colocándolos
lo más cerca posible de la fuente
de calor. Posteriormente, solo siga
las instrucciones de esta receta
para hacerlos sudar, dejarlos
enfriar, retirar las semillas
y pelarlos.

# HONGOS PORTOBELLO ASADOS
# CON ACEITE DE ALBAHACA

Prepare un asador de carbón o gas para asar directamente sobre calor alto (página 107).

Coloque los sombreros de los hongos portobello sobre un platón y barnice ambos lados con aceite de albahaca. Ase los sombreros de 2 a 4 minutos, poniendo su parte superior hacia abajo, directamente sobre calor alto, hasta que la parte inferior se llene de agua y la parte superior tenga marcas de la parrilla. Voltee, vaciando todo el líquido en el fuego. Si salen flamazos, pase los hongos a la parte menos caliente del asador. Ase 1 ó 2 minutos más y vuelva a voltear. Ponga ½ cucharadita de ajo y un poco más de aceite de albahaca sobre cada hongo. Cocine 1 ó 2 minutos más.

Durante los últimos 2 ó 3 minutos de la cocción, tueste los bollos para hamburguesa (si los usa) con la parte interior hacia abajo, sobre el asador a calor alto. Coloque los hongos sobre los bollos o páselos a un platón, sazone con sal y pimienta al gusto y sirva.

*Para Servir: Los hongos asados son una guarnición maravillosa para el pollo asado (páginas 10 y 48) o filetes (páginas 22 y 26). También pueden ser una deliciosa entrada vegetariana con una ensalada o Brochetas Jardinera (página 83).*

RINDE 4 PORCIONES

**ACEITES SAZONADOS CON HIERBAS**
Los deliciosos aceites de hierbas son fáciles de encontrar y se pueden usar sobre vegetales, pescados o pollos asados. También pueden ser deliciosos al incluirlos en algún aderezo para ensalada y pueden mezclarse con pasta. O, si lo desea, vierta aceites sazonados con hierbas en un tazón poco profundo para remojar pan fresco y crujiente. Compre aceites aromáticos con infusión de hierbas como albahaca, romero, orégano o tomillo.

4 hongos portobello, cepillados y sin tallo

Aceite de albahaca u otro aceite sazonado (*vea explicación a la izquierda*) o aceite de oliva para barnizar

2 cucharaditas de ajo picado

4 bollos para hamburguesas, a la mitad (opcional)

Sal y pimienta recién molida

# BROCHETAS JARDINERA

Aceite de oliva, aceite en aerosol o aceite sazonado a las hierbas (página 80)

2 calabacitas (courgettes), cortadas en trozos de 2.5 cm (1 in)

12 hongos cremini o champiñones blancos frescos, cepillados

1 cebolla morada grande, cortada en trozos de 2.5 cm (1 in)

1 pimiento rojo o amarillo (capsicums) sin semillas y cortado en trozos de 2.5 cm (1 in)

Sal y pimienta recién molida

4 a 6 banderillas de madera para brochetas, remojadas 30 minutos, o pinchos de metal.

Prepare un asador de carbón o gas para asar directamente sobre calor alto (página 107) y engrase la parrilla con aceite.

Ensarte las calabacitas en las banderillas alternando con los champiñones enteros, trozos de cebolla y de pimiento. Engrase con aceite.

Ase las banderillas directamente sobre calor alto, volteando una sola vez, entre 4 y 6 minutos de cada lado, hasta que los vegetales tengan las marcas de la parrilla, y estén suaves y crujientes. No cocine demasiado; los vegetales deben estar aún crujientes.

Pase a un platón y agregue un poco más de aceite y sal y pimienta al gusto. Sirva de inmediato.

*Para Servir: Estas brochetas son una guarnición excelente para pollo, pescado, mariscos o filetes asados. También pueden usarse como un plato principal vegetariano, acompañado con risotto o pasta.*

RINDE DE 4 A 6 GUARNICIONES, 4 PORCIONES PARA PLATO PRINCIPAL

### ASANDO VEGETALES DEL JARDÍN

Cuando el jardín se encuentra en su mejor momento a mediados de verano, prenda su asador para obtener deliciosas cenas ligeras. Prácticamente puede asar cualquier cosa que cultive: elotes, calabazas, cebollas, jitomates, ejotes verdes, pimientos (capsicums), berenjenas (aubergines), espárragos e incluso papas (vea Papas Cambray Asadas con Costra de Pimienta Roja, página 87). La mayoría de los vegetales logran su mejor y más crujiente sabor al barnizarlos con un poco de aceite y asarlos brevemente sobre calor alto.

# QUESADILLAS DE HONGOS SILVESTRES

Prepare un asador de carbón o gas para asar directamente sobre calor alto (página 107) y engrase la parrilla del asador con aceite. Ase el chile verde de 5 a 7 minutos directamente sobre calor alto, volteando para quemar y formar ampollas por todos lados. Pase a una bolsa de papel o plástico, cierre la bolsa y deje enfriar 10 minutos. Pele el chile y abra para retirar las semillas y el tallo. Pique y reserve.

En una sartén para freír sobre calor medio alto, derrita la mantequilla. Agregue los hongos, chile picado, polvo de chile, ajo y saltee de 5 a 6 minutos para hongos frescos, y de 3 a 4 minutos para restos de hongos a la parrilla. Incorpore la salsa y sazone al gusto con sal y pimienta. Retire del fuego y deje enfriar a temperatura ambiente.

Ase las tortillas de 2 a 3 minutos por un lado, justo hasta que estén suaves y con ligeras marcas de la parrilla. Sobre una superficie de trabajo, extienda 4 hojas de papel aluminio, un poco más grandes que las tortillas. Engrase el papel con aceite vegetal. Coloque una tortilla sobre cada papel, con su lado asado hacia abajo y cubra con una cuarta parte de la mezcla de hongos y una cuarta parte del queso sobre la mitad de cada tortilla. Doble las tortillas sobre la mezcla y detenga las puntas con sus dedos. No llene demasiado. Doble el papel sobre las tortillas rellenas y doble las orillas para sellar.

Ase los paquetes de quesadillas de 4 a 5 minutos directamente sobre calor alto, volteándolas una sola vez. Retire un paquete del asador y abra el papel para revisar. El queso debe estar derretido y las tortillas ligeramente doradas y crujientes. Ase 1 ó 2 minutos más si fuera necesario. Retire el papel y sirva.

*Nota. Para la salsa, pruebe el Pico de Gallo de la página 29.*

*Variación: Sustituya los hongos de estas quesadillas con restos de Camarones con Mantequilla de Limón y Ajo (página 14) o Pollo a la Parrilla con Unto de Hierbas (página 10).*

RINDE 4 PORCIONES

**Aceite vegetal para barnizar**

**1 chile verde suave como el Anaheim o el poblano**

**2 cucharadas de mantequilla sin sal**

**125 g (¼ lb) de hongos silvestres frescos, tipo porcini (cépes), chanterelles, morillas, shiitakes o portobellos o sobras de Hongos Portobello a la Parrilla con Aceite de Albahaca (página 80), finamente picados**

**1 cucharada de polvo puro de chile (página 71)**

**2 dientes de ajo, picados**

**¼ taza (60 ml/2 fl oz) de salsa (vea Nota)**

**Sal y pimienta recién molida**

**4 tortillas de harina grandes**

**2 tazas (250 g/8 oz) de queso Monterrey Jack, rallado**

# PAPAS CAMBRAY ASADAS CON COSTRA DE PIMIENTA ROJA

Aceite de oliva para barnizar

24 papas cambray pequeñas

2 cucharadas de paprika dulce

½ cucharadita de pimienta de cayena o paprika picante, o al gusto

1 cucharada de ajo en polvo

1½ cucharaditas de sal

Prepare un asador de carbón o gas para asar directamente sobre calor medio alto (página 107) y engrase la parrilla con aceite. Si las papas son demasiado pequeñas, tenga lista una canastilla para asador para evitar que se vayan a través de la parrilla y caigan al fuego, o use banderillas de madera para brocheta.

Hierva parcialmente las papas en agua hirviendo, cocinándolas de 5 a 7 minutos, justo hasta que se puedan picar con un cuchillo pero no se sientan completamente suaves. No cocine demasiado. Escurra y seque con una toalla de papel.

Coloque las papas en un tazón grande y engrase con el aceite. En un tazón pequeño mezcle la paprika, pimienta de cayena, ajo en polvo y sal. Frote las papas con este unto de especias hasta cubrir a la perfección.

Ase las papas directamente sobre calor medio alto, entre 10 y 20 minutos, dependiendo del tamaño de las papas, volteando de vez en cuando, hasta que estén doradas y suaves. Sirva de inmediato.

*Consejo de Preparación: Si está cocinando un pollo, pavo o asado sobre calor indirecto, puede cocinar estas papas sobre la parte caliente del asador hacia el final de su cocción. Si asa filetes, chuletas o pollo sobre calor directo, puede asar las papas cambray mientras la carne reposa.*

RINDE 4 PORCIONES

PAPAS PARA ASAR

Las papas cambray que se solicitan en esta receta deben ser pequeñas, inmaduras, cerosas y cultivadas en primavera o principios de verano. Puede elegir entre las rojas diminutas tipo Red Bliss, las fingerling diminutas o papas banana, Yukon doradas, rojas o azules y muchas de otras. Todas tienen bajo contenido de almidón y cáscara delgada además de una consistencia firme y jugosa. Si no encuentra papas cambray, use cualquier papa cerosa pequeña que mida entre 2.5 y 4 cm (1–11/2 in) de diámetro. Las papas grandes pueden cortarse en cuartos o mitades. Las papas Russet, con gran contenido de almidón, no son una buena elección para esta receta.

# ALGO ESPECIAL

*Actualmente los cocineros experimentan todo el tiempo, obteniendo deliciosos resultados. La pizza adquiere un delicioso sabor ahumado al asarla a la parrilla. El juego de la sazón se logra al asar en la parrilla o cocinar en un trinche para obtener una comida digna de celebración e incluso puede hornear pastel de elote adornado con chile en un asador cubierto o asar fruta fresca para el postre.*

# PIZZA A LAS HIERBAS CON PROSCIUTTO, ALBAHACA Y QUESO DE CABRA

### MASA PARA PIZZA A LAS HIERBAS

Mezcle 1 paquete (1½ cucharaditas) de levadura seca activa con ¾ taza (180 ml/6 fl oz) de agua tibia y 1 cucharadita de azúcar y deje reposar algunos minutos, hasta que esponje. Combine 2 tazas (315 g/10 oz) de harina de trigo (simple), ¼ taza (60 ml/2 fl oz) de aceite de oliva, 2 cucharadas de albahaca seca, ½ cucharadita de sal en un tazón. Incorpore la mezcla de levadura. Amase 10 minutos sobre una tabla ligeramente enharinada, hasta que esté suave y elástica. Coloque en un tazón engrasado con aceite, voltee, tape y deje esponjar en un lugar caliente de 1 a 2 horas, hasta que esté del doble de tamaño. Divida a la mitad y forme 2 círculos. Use siguiendo las instrucciones (vea explicación a la derecha).

Prepare un asador de carbón o gas para asar indirectamente sobre calor alto (200ºC/400ºF) (página 107) y engrase la parrilla con aceite. Si usa un asador de carbón, agregue los trozos alrededor del perímetro para dar cabida en el centro a 2 pizzas redondas. Si usa asador de gas, dele forma a la masa para colocarla en la porción menos caliente del asador, o recorte las rodajas de pizza precocida según sea necesario.

Si usa masa hecha en casa (*vea explicación a la izquierda*), amase cada bola sobre una tabla ligeramente enharinada formando un círculo de 25 cm (10 in) de diámetro. Ya sea que use círculos hechos en casa o precocidos, barnice ambos lados con aceite de oliva y espolvoree con un poco de harina de maíz.

Coloque los círculos sobre la porción menos caliente del asador. (Si su asador tiene una rejilla muy abierta, quizás tenga que usar una canastilla para asar en caso de usar masa hecha en casa.) Cocine, volteando una sola vez, entre 5 y 8 minutos de cada lado para círculos de masa cruda y de 3 a 4 minutos de cada lado para círculos precocidos, hasta que tengan marcas de la rejilla y estén totalmente calientes. Pase a la superficie de trabajo.

Ase los pimientos directamente sobre calor alto, de 5 a 7 minutos, volteando para quemarlos y formar ampollas por todos lados. Pase a una bolsa de papel o plástico, cierre la bolsa y deje enfriar 10 minutos. Pele y corte los pimientos para retirar las semillas y tallo. Pique y reserve.

Extienda la mitad de la salsa de jitomate sobre cada círculo de pizza. Cubra cada círculo con la mitad de los pimientos y mitad del prosciutto. Adorne cada pizza con la mitad del queso de cabra y la mitad de la albahaca. Espolvoree con sal y pimienta al gusto y rocíe con un poco de aceite de oliva.

Coloque las pizzas sobre la parte menos caliente del asador, tape el asador y hornee aproximadamente 10 minutos sobre calor indirecto a temperatura alta hasta que esté totalmente caliente. Sirva de inmediato.

RINDE 4 PORCIONES

Masa para Pizza a las Hierbas (*vea explicación a la izquierda*) o rodajas de pizza precocida de 25 cm (10 in) de diámetro

Aceite de oliva para barnizar

Harina de maíz para espolvorear

2 pimientos rojos o amarillos (capsicums)

1 taza (250 ml/8 fl oz) de salsa de jitomate (página 33 o su favorita)

125 g (¼ lb) de prosciutto rebanado, cortado en rebanadas delgadas

125 g (¼ lb) de queso de cabra fresco

2 cucharadas de albahaca fresca picada o 1 cucharada de seca

Sal y pimienta recién molida

# CODORNIZ CON POLENTA
# Y JITOMATES ASADOS

Aceite de oliva para engrasar

4 tiras de tocino o panceta

4 codornices, de preferencia
parcialmente deshuesadas
por el carnicero dejando los
huesos de las piernas

PARA EL UNTO DE HIERBAS:

2 cucharadas de estragón
fresco picado o 1 cucharada de
seco

4 dientes de ajo, picados

1½ cucharadita de sal

1 cucharadita de pimienta
recién molida

1 cucharadita de aceite de oliva

1 taza (220 g/7 oz) de polenta,
cocinada, fría y cortada en
cuadros (vea explicación a la
derecha)

8 jitomates grandes,
aproximadamente 2 kg (4 lb)
en total

2 dientes de ajo, picados

2 cucharaditas de estragón
fresco picado o 1 cucharadita
de seco

Sal y pimienta recién molida

Virutas o trozos de madera
remojados 30 minutos y
escurridos (página 111)

Prepare un asador de carbón o gas para asar indirectamente sobre calor medio alto (página 107) y engrase la parrilla con aceite. Amarre con cordón de cocina una tira de tocino alrededor de la pechuga de cada codorniz y una las patas.

Para hacer el unto de hierbas, mezcle el estragón, ajo, sal, pimienta y aceite de oliva. Frote el unto sobre la codorniz.

Espolvoree las virutas de madera sobre los carbones o agréguelas en una bolsa de papel aluminio perforada al asador de gas (página 111). Ase la codorniz directamente sobre calor medio alto, de 5 a 7 minutos, volteando a menudo, hasta que esté bien dorada. Pase a la parte menos caliente del asador, tape el asador y cocine. Después de 15 minutos, revise la cocción cortando el muslo de la codorniz o revise la temperatura con un termómetro de lectura instantánea. Las codornices estarán listas cuando no muestren ningún tono rosado y registren una temperatura mínima de 71ºC (160ºF). Continúe cocinando durante 15 minutos más, según sea necesario. Pase a un platón y tape con papel aluminio, sin apretar.

Ase los cuadros de polenta sobre calor directo, de 4 a 5 minutos de cada lado, hasta que estén dorados y totalmente calientes. Pase a un platón. Al mismo tiempo, ase los jitomates sobre calor directo, de 5 a 7 minutos en total, hasta que tengan las marcas de la parrilla y empiecen a suavizarse. No cocine demasiado. Pase los jitomates a una tabla de picar, descorazónelos y píquelos grueso. Pase a un tazón, incorpore el ajo y estragón y sazone al gusto con sal y pimienta.

Retire el cordón de cada pechuga de codorniz y, si lo desea, de las piernas. Sirva sobre una cama de polenta asada y jitomates picados.

RINDE 4 PORCIONES

ASANDO POLENTA

La polenta, harina de maíz molida gruesa, es perfecta para asar una vez que se ha cocinado, enfriado y rebanado. Para cocinar bata la polenta con 3 tazas de agua hirviendo y mezcle constantemente sobre calor bajo de 10 a 15 minutos para obtener una consistencia suave. Posteriormente, vierta la polenta suave sobre una charola de hornear ligeramente engrasada hasta una altura de 4 cm (1½ in). Después de 2 horas aproximadamente, corte la polenta fría en cuadros de 10 cm (4 in) y siga las instrucciones de la receta.

# LOMO DE PUERCO RELLENO CON HORTALIZAS Y AJO

Prepare un asador de carbón o gas para asar indirectamente sobre calor medio-alto, colocando una sartén para el goteo bajo la parte menos caliente del asador (página 107). Recomendamos hacer este platillo usando un trinche para rostizar, si tiene en su asador (página 111).

Coloque en una sartén la acelga sin secar totalmente, para que tenga un poco del agua en que la lavó, tape y cocine al vapor de 3 a 4 minutos, hasta que se marchite. Destape, agregue el aceite de oliva, dos terceras partes del ajo y sal y pimienta al gusto. Cocine de 3 a 4 minutos más, moviendo a menudo. Retire del calor y deje enfriar. Exprima suavemente para retirar el exceso de líquido.

Coloque las mitades de lomo sobre una superficie de trabajo, con la grasa hacia abajo. Espolvoree la parte superior con sal y pimienta. Acomode la acelga picada en el centro de un trozo y tape con el otro, colocando la grasa hacia arriba. Amarre con cordón de cocina en 4 ó 5 lugares para hacer un lomo cilíndrico. Unte la parte exterior del lomo con el ajo restante. Agregue sal, pimienta y salvia.

Espolvoree las virutas o trozos de madera sobre el carbón, o agréguelos en una bolsa de papel aluminio perforada al asador de gas (página 111). Acomode el lomo en el centro del asador sobre la sartén para el goteo o colóquelo en un trinche para rostizar. Tape el asador y cocine 1 hora, manteniendo la temperatura a media alta, agregando más carbones si es necesario. Revise la cocción cortando en el centro del lomo o tome la temperatura con un termómetro de lectura instantánea. El puerco debe estar ligeramente rosado en el centro y aún jugoso o a 68°C (155°F). Continúe cocinando según se necesite. Pase a un platón, tapando con papel aluminio, sin apretar, y deje reposar 10 minutos. Corte en rebanadas y sirva.

*Para Servir: Sirva el puerco con Ensalada Asada de Pimiento Rojo, Cebolla Dulce y Jitomate (página 79). Ase los vegetales sobre calor directo mientras se cocina el puerco sobre calor indirecto o mientras reposa antes de servir.*

RINDE DE 8 A 10 PORCIONES

### LOMO DE PUERCO

El lomo, o la sección superior del torso del puerco entre el hombro y la pierna, es el corte más suave del puerco. El largo y delgado lomo del centro del puerco a menudo se rebana en chuletas deshuesadas. En esta receta, el lomo entero del centro se corta a lo ancho en 2 piezas iguales, que se rellenan y amarran juntas con cordón de cocina para hacer un lomo más grueso y compacto.

4 tazas (250 g/8 oz) de acelga picada

2 cucharadas de aceite de oliva

Sal y pimienta recién molida

1 lomo de puerco de 3.5 kg (7 lb) cortado a lo ancho en 2 trozos iguales y sin grasa

2 cucharadas de salvia fresca picada o 1 cucharada de salvia seca

Virutas o trozos de madera remojadas 30 minutos y escurridas (página 111)

# VENADO CON SALSA DE HONGOS SILVESTRES

Aceite de oliva o aceite vegetal para barnizar

4 rebanadas de tocino o panceta

1 filete de venado de 1.5 a 2 kg (3–4 lb) sin grasa

Sal y pimienta molida

1 cucharada de romero fresco picado

2 dientes de ajo, picados

PARA LA SALSA:

2 cucharadas de mantequilla sin sal

500 g (1 lb) de hongos silvestres tipo shiitake, porcini o portobellos, cepillados y picados grueso

¼ taza (30 g/1 oz) de chalote picado

3 dientes de ajo, picados

1 cucharadita de romero fresco picado

1 cucharadita de tomillo fresco picado

2 tazas (500 ml/16 fl oz) de caldo de res o consomé de res bajo en sodio, de lata

Sal y pimienta molida

1 cucharada de fécula de maíz (maizena) disuelta en 2 cucharadas de jerez dulce u oporto

Prepare un asador de carbón o gas para asar directamente sobre calor medio alto (página 107) y engrase la parrilla con aceite.

Acomode las rebanadas de tocino a lo largo sobre el filete y amarre con cordón de cocina en 2 ó 3 lugares. Barnice el filete con aceite por todos lados, espolvoree con sal y pimienta (ya que el tocino es salado, use poca sal). Unte todo el filete con romero y ajo.

Ase el filete directamente sobre calor medio alto de 10 a 14 minutos en total, volteando la carne ocasionalmente. (Pase el filete a la porción menos caliente del asador si salen flamazos). Revise la cocción de la carne cortando en el centro o tomando la temperatura con un termómetro de lectura instantánea. Si lo quiere término medio quedará bastante rojo en el centro y deberá registrar una temperatura de 49º a 52ºC (120-125ºF); medio crudo será entre rojo y rosa y registrará entre 54º y 57ºC (130º - 135ºF). La mayoría de la carne magra únicamente debe cocerse a término medio; si se cuece más tiempo se hará seca y dura. Pase a un platón, tape con papel aluminio sin apretar y deje reposar 10 minutos.

Mientras tanto, haga la salsa. En un cazo sobre calor medio alto, derrita la mantequilla y agregue los hongos, chalote, ajo, romero y tomillo. Saltee de 4 a 5 minutos, hasta suavizar. Agregue el consomé, eleve a temperatura alta y cocine aproximadamente 5 minutos, hasta reducir a la mitad. Sazone al gusto con sal y pimienta. Retire la salsa del calor. Integre la mezcla de fécula y cocine sobre calor medio cerca de 1 minuto, hasta que espese.

Rebane la carne diagonalmente contra la veta y sirva con la salsa de hongos silvestres.

*Variación: Si lo desea sustituya el venado por filete de res, omitiendo el tocino. Si usa carne de res, puede cocinarla hasta que esté término medio o rosada en el centro y registre una temperatura de 60º C (140º F). La salsa de hongos silvestres también es deliciosa con pollo asado.*

RINDE DE 6 A 8 PORCIONES

FORRANDO

Las carnes magras y las aves de granja, como el venado, avestruz, codorniz y pichones, son buenas opciones para hacer a la parrilla. Magra significa naturalmente limpia, y delgada, por lo que esta carne o pollo se puede forrar, o envolver con tocino o panceta compensando su falta de grasa y le ayuda a mantenerse jugosa y sabrosa. El tocino proporcionará un sabor ligeramente ahumado, mientras que la panceta no es ahumada. También puede envolver con el corte de grasa sin curar del torso del puerco.

# BISTEC A LA FLORENTINA

**ESPINACA SALTEADA**

En Florencia, esta carne a menudo se sirve con frijoles blancós y una guarnición de espinaca salteada. Para hacer esta espinaca, caliente 2 cucharadas de aceite de oliva extra virgen en un cazo sobre calor medio y saltee 2 dientes de ajo en rebanadas delgadas de 3 a 4 minutos, hasta dorar ligeramente. No deje que se queme. Agregue 500 g (1 lb) de espinaca al vapor, sin secarla el agua con que la enjuagó y el jugo de 1 limón, tape y cocine moviendo de vez en cuando, de 4 a 5 minutos, hasta que la espinaca se marchite. No cocine demasiado. Sazone al gusto con sal y pimienta.

Si usa frijoles secos, coloque en una olla y agregue agua hasta cubrir. Hierva a calor alto, apague y tape la olla. Remoje 1 hora. Escurra y agregue agua limpia hasta cubrir. Hierva, reduzca el calor para hervir a fuego lento. Tape y cocine aproximadamente 2 horas, hasta que estén suaves. En un tazón grande, combine los frijoles cocinados o enlatados con el orégano, cebolla, ajo picado, aceite de oliva, perejil, jugo de limón y sal y pimienta al gusto. Reserve y deje enfriar a temperatura ambiente.

Prepare un asador de carbón o gas para cocinar directamente sobre calor medio alto (página 107) y engrase la rejilla con aceite.

Barnice los bisteces con aceite de oliva. Frote con el lado que cortó de los dientes de ajo en mitades sobre los bisteces. Espolvoree generosamente con sal y pimienta por ambos lados.

Espolvoree las virutas o trozos de madera sobre el carbón o agréguelas en una bolsa de papel aluminio perforada al asador de gas (página 111). Ase los bisteces directamente sobre calor medio alto, de 10 a 12 minutos en total, volteando ocasionalmente y pasando a la zona menos caliente del asador si salen flamazos. Corte en el centro del bistec cerca del hueso o tome la temperatura con un termómetro de lectura instantánea. Los bisteces término medio estarán bastante rojos cerca del hueso y registrarán entre 120° y 125°C (49° - 52°F); los medio crudos serán entre rojos y rosas y registrarán entre 54° y 57°C (130° - 135°F); los término medio serán rosas y registrarán los 60°C (140°F). Pase a un platón, cubra con papel aluminio sin apretar y deje reposar 10 minutos.

Sirva con espinaca y frijoles a temperatura ambiente.

*Para Servir: Los bisteces Porterhouse están compuestos por el filete y el lomo deshuesado. Para servir, corte cada bistec en trozos de filete y lomo. Rebane grueso y de a cada comensal trozos de ambos. Si no encuentra bisteces Porterhouse, puede usar T-bones.*

RINDE 4 PORCIONES

PARA LOS FRIJOLES CANNELLINI:

**500 g (1 lb) o 2 tazas (440 g/14 oz) de frijoles canellini de lata u otros frijoles blancos**

**1 cucharada de orégano fresco picado o 1½ cucharaditas seco**

**¼ taza (30 g/1 oz) de cebolla amarilla o blanca finamente picada**

**1 diente de ajo, picado**

**¼ taza (60 ml/2 fl oz) de aceite de oliva extra virgen**

**2 cucharadas de perejil fresco (italiano) picado**

**1 limón, su jugo**

**Sal y pimienta recién molida**

**Aceite de oliva para barnizar**

**2 bisteces Porterhouse de 5 cm (2 in) de espesor**

**4 dientes de ajo, en mitades**

**Sal y pimienta recién molida**

**Espinaca salteada (*vea explicación a la izquierda*) como guarnición**

**Virutas o trozos de madera, remojados 30 minutos y escurridos (página 111)**

# PAN DE ELOTE CON JALAPEÑO

1 taza (155 g/5 oz) de harina de maíz amarillo

1 taza (155 g/5 oz) de harina de trigo (simple)

2 cucharadas de azúcar

1 cucharada de polvo de hornear

1 cucharadita de sal

⅓ taza (80 ml/3 fl oz) de aceite de maíz, más el necesario para barnizar

1 taza (250 ml/8 fl oz) de leche descremada

1 huevo

½ a 1 chile jalapeño, sin semillas y picado

¼ taza (30 g/1 oz) de cebolla amarilla o blanca picada

Prepare un asador de carbón o gas para asar indirectamente sobre calor alto (200ºC /400ºF) (página 107). Engrase con aceite un molde para hornear cuadrado de 20 cm (8 in) por lado, uno rectangular de 15 por 23 cm (6 X 9 in) o una sartén de fierro para freír de 25 cm (10 in) de diámetro.

En un tazón grande, mezcle el harina de maíz, azúcar, polvo de hornear y sal. En otro tazón bata ⅓ taza de aceite, leche y huevo. Incorpore los ingredientes húmedos a los secos. Integre el jalapeño al gusto y la cebolla. Coloque la masa, a cucharadas, en el molde preparado.

Ponga una rejilla térmica para pastel de metal grueso sobre la parrilla, en la porción menos caliente y coloque el molde sobre la rejilla (vea Nota). Tape el asador y hornee cerca de 25 minutos, hasta que al picar con un trinche en el centro del pan salga limpio. Sirva caliente o a temperatura ambiente.

*Nota: Al colocar el pan de elote sobre una rejilla metálica para pastel sobre el asador protege la base del molde evitando que se queme demasiado rápido.*

RINDE 8 PORCIONES

### HORNEANDO A LA PARRILLA

Un asador preparado y tapado para cocinar indirectamente actúa como horno y puede usarse para hornear cualquier cosa, desde un pan de elote hasta un cobblerde fruta o un pay de pollo.Le recomendamos tener un asador bien equipado con un termómetro integrado, ya que querrá mantener una temperatura uniforme durante el proceso de horneado. Pero también puede revisar la temperatura al poner un termómetro de horno dentro de un asador cubierto o insertando un termómetro de lectura instantánea en uno de los lados de la tapa. Los moldes de papel aluminio de 15 por 23 por 4 cm (6 X 9 X 1½ in) son útiles para hornear.

# PERAS ASADAS CON SALSA DE GRAND MARNIER DE FRAMBUESA

Prepare un asador de carbón o gas para asar directamente sobre calor medio alto (página 107) y engrase la parrilla con aceite.

Para hacer la salsa, combine las frambuesas con la miel en un tazón. Machaque las frambuesas ligeramente con un tenedor e integre el licor. Reserve.

Corte las peras a la mitad a lo largo y retire el corazón. Exprima el limón sobre los lados cortados de las peras para evitar que se oxiden. En un tazón poco profundo, mezcle el azúcar con la canela. Remoje los lados cortados de las peras en la mezcla de canela y azúcar.

Ase las peras, con su lado cortado hacia abajo, directamente sobre calor medio alto de 2 a 4 minutos,  hasta que la fruta tenga las marcas de la parrilla y se haya caramelizado el azúcar. No permita que se quemen. Usando una espátula, voltee las peras y ase de 3 a 4 minutos, hasta que estén suaves y totalmente calientes. Si las peras empiezan a dorarse, páselas a la parte menos caliente del asador para que se cocinen.

Sirva las peras cubiertas con la salsa de frambuesa y, si lo desea, acompañe con una cucharada de helado de vainilla.

*Para Servir: Sirva las peras a la parrilla con  un vaso pequeño de pear eau-de-vie, un brandy claro hecho de fruta. Si lo desea, también puede usar eau-de-vie en la salsa en lugar del licor de naranja, y aumentar el sabor a miel.*

RINDE 4 PORCIONES

### ASANDO FRUTA

Cualquier fruta se puede asar con éxito, haciendo postres fantásticos y fuera de lo común. Use fruta firme, ya que la suave puede hacerse aguada rápidamente. Las peras de invierno son excelentes, al igual que los duraznos y nectarinas. Las rebanadas de piña y los plátanos enteros también se pueden asar, aunque se debe tener especial cuidado para no cocinarlos demasiado. El helado, el mascarpone y la salsa de fruta saben de maravilla si se sirven acompañando la fruta asada.

Aceite vegetal para barnizar

PARA LA SALSA:

1 taza (125 g/4 oz) de frambuesas frescas o congeladas

1 cucharadita de miel

1 cucharada de Grand Marnier u otro licor de naranja

4 peras Bosc, Anjou u otra pera firme

1 limón, en mitades a lo ancho

$^3_4$ taza (185 g/6 oz) de azúcar

1 cucharada de canela molida

Helado de vainilla para servir (opcional)

# TEMAS BÁSICOS SOBRE ASADOS A LA PARRILLA

*Hoy en día, con la gran variedad y estilos de asadores disponibles, se ha facilitado cocinar a la parrilla en cualquier temporada y para cada ocasión. Actualmente se puede asar durante el invierno y el verano, ya no tenemos que limitarnos a esperar buen clima como anteriormente. Virtualmente todo tipo de carne o ave, ya sea entera o en piezas, puede asarse con éxito y el pescado, los mariscos, los vegetales e incluso la pizza, el pan y las frutas se han convertido en nuevos favoritos para asarse y disfrutarse durante todo el año.*

## TIPOS DE ASADORES

La gran diversidad de equipos para cocinar al aire libre pueden llevarlo a pensar que hay diferentes maneras para asar a la intemperie. Básicamente solo hay dos métodos, el calor directo y el indirecto y, prácticamente, cualquier asador para intemperie puede usarse con éxito para ambos. La diferencia en el equipo se basa en el tamaño, resistencia y durabilidad, tipos de combustible y características opcionales, lo cual afectará el costo del producto que usted elija.

Los asadores para intemperie más pequeños, como los japoneses tipo hibachis, cuadrados o rectangulares, son fáciles de transportar y muy adecuados para utilizarse en balcones o patios. Tome en cuenta que limitarán la cantidad y el tamaño de los alimentos que cocine ya que éstos no tienen una cama de lumbre o rejilla lo suficientemente grande para cocinar a calor indirecto. Estos asadores a veces están hechos de materiales menos perdurables y quizás no duren más de uno o dos veranos.

Los asadores más grandes y fuertes pueden dar cabida fácilmente a suficientes hamburguesas y salchichas para alimentar a una multitud y, por lo general, están diseñados para cocinar cortes de carne grandes o aves enteras a fuego indirecto. Durarán varias temporadas si se les da el cuidado adecuado (vea página 113). Algunos de los modelos más grandes, de carbón o gas, pueden estar construidos sobre bases de ladrillo o piedra funcionando como un complemento permanente de su patio.

## ASADORES DE GAS

Ya sea que use como combustible gas propano en tanques recargables o una línea de gas natural que salga de la casa, un asador de gas emite flamas que calientan una cama de tabiques de cerámica, roca volcánica que absorbe el calor, conductos de acero inoxidable o metal esmaltado que, a su vez, cocinan los alimentos colocados sobre una parrilla o rejilla situada sobre ellos. Un asador de gas proporciona el mismo tipo de calor que los carbones prendidos, aunque nunca puede lograr temperaturas tan altas o el sabor ahumado que produce la madera dura o el carbón. También vaporiza la grasa produciendo humo y canales para el exceso de grasa y prevenir los flamazos. Modelos más elaborados incluyen un control múltiple, permitiendo que solo algunas partes del asador se calienten para cocinar a calor indirecto; quemadores separados para cocinar salsas o rejillas para calentar y cajas de metal integradas que guardan y queman virutas de madera para ahumar. Tienen una tapa alta que permite rostizar y asar.

## ASADORES DE CARBÓN

Los asadores de carbón consisten de una sartén de metal que sostiene una cama de carbón prendido bajo la rejilla o parrilla. Vienen en muchas formas y tamaños. Incluyen los pequeños hibachi japoneses y los braseros de base plana, que jugaron un papel muy importante en las parrilladas de los años 50´s. La parrilla de porcelana es más versátil que los braseros. Su sartén hemisférica y profunda, además de su tapa abovedada hace que se aproveche el combustible y sea lo indicado para cocinar a calor directo o indirecto. Tiene ventilación sobre la parrilla y la tapa, lo cual permite controlar la temperatura dentro del asador.

## COMBUSTIBLES PARA EL FUEGO

Al cocinar a la intemperie nos enfrentamos a una gran variedad de elecciones en cuanto al combustible. Le recomendamos que revise las diferentes propiedades de los posibles combustibles, lo cual le ayudará a elegir con certeza su asador y los alimentos que vaya a cocinar.

### PARA LOS ASADORES DE GAS

Para la mayoría de los asadores de gas, la única elección es el gas propano. Puede encontrar tanques previamente cargados en ferreterías y tiendas especializadas en asadores. Un tanque durará para cocinar muchas horas, pero le recomendamos tener un repuesto a la mano. El tanque tiene calcomanías magnéticas de colores que mostrarán claramente el nivel de combustible. Busque distribuidores que recarguen tanques o cambie por tanques llenos los vacíos a un precio razonable. Cuando no use tanques de gas propano, guárdelos en lugares retirados del sol directo, pero manténgalos fuera de cocheras u otras áreas de almacenamiento cerradas. Lea y siga todas las instrucciones descritas sobre el tanque.

También puede conectar un asador de gas a su línea de gas natural ubicada en su patio. Tenga cuidado pues los asadores de gas tienen que estar adaptados para quemar ese tipo de combustible de manera eficiente y proporcionar el calor adecuado para la cocción. Llame a un profesional para que haga la conexión y adaptación.

### PARA ASADORES DE CARBÓN

El combustible más usado para los asadores de carbón son las briquetas de carbón. Estos aglomerados de combustible con forma de almohadilla, se fabrican comprimiendo el carbón pulverizado con diferentes elementos, como aserrín y aditivos que facilitan su combustión. Hacen un buen fuego; son fáciles de usar y proporcionan un calor uniforme y sin chispas. Algunas pueden dejar un sabor desagradable en los alimentos. No use briquetas que contengan nitrato, petróleo, arena o arcilla y evite siempre las briquetas de auto-encendido, que pueden violar las normas del control de calidad del aire en algunas zonas. Guarde las briquetas en lugares secos.

Por otro lado, el carbón de madera dura hace que el fuego sea más limpio al quemarse. Estos trozos de madera aromática dura (el mesquite es la más común pero a menudo podrá encontrar nogal, aliso, roble, manzano, nogal pecanero o cerezo) han sido quemados hasta hacerlos carbón puro. Rompa los trozos más grandes de carbón de madera dura en trozos más pequeños y regulares antes de encender su asador, para asegurarse que el carbón se caliente uniformemente. No lo descuide, ya que el carbón aventará algunos chispazos al principio. Como las briquetas, el carbón de madera debe guardarse en un lugar seco.

## PREPARANDO EL ASADOR

Al preparar un asador para cocinar a la intemperie, lo más importante que debe recordar es dar suficiente tiempo para que se caliente el fuego.

Si usa un asador para carbón, los carbones necesitan de 20 a 30 minutos desde el momento en que los encendió hasta que estén listos para cocinar. Puede darse cuenta a simple vista cuando estén lo suficientemente calientes: estarán cubiertos uniformemente por una ceniza grisácea o, si es de noche, se verán rojos. Los asadores de gas necesitan prenderse de 10 a 15 minutos antes, para que las camas de briqueta de piedra volcánica o cerámica o los conductos de metal, se calienten totalmente.

### ENCENDIENDO UN ASADOR DE GAS

Para los cocineros, encender el fuego de un asador de gas es muy sencillo. Primero, levante la tapa del asador y asegúrese que los controles del quemador estén apagados. Si está usando combustible de un tanque de propano, cerciórese que el tanque tenga combustible. Posteriormente abra la válvula. Encienda el asador siguiendo las instrucciones del fabricante. Si su asador de gas no tiene un botón para encendido automático con chispa, use cerillos largos de madera para encender la parrilla de gas. Gire la perilla para ajustar la temperatura; cierre la tapa y deje calentar la cama de piedra volcánica, briquetas de cerámica o conductos de metal de 10 a 15 minutos.

Para evitar vapores desagradables que pueden permear los alimentos, y prevenir contaminar el aire, no use líquidos para encender fogatas o carbón presaturado con este líquido. Si acomoda adecuadamente su carbón no necesitará líquido para encenderlo ya que el carbón lo hace innecesario y asegura una combustión rápida y uniforme del carbón.

El método básico consiste en colocar una base de mazorcas de maíz saturadas con parafina o remojadas en algún auxiliar similar en la base del asador para iniciar el fuego. Si lo desea, y hay un enchufe eléctrico cerca del asador, coloque un encendedor eléctrico para fogatas dentro de la cama del fuego. Acomode una pirámide compacta de trozos de carbón sobre los auxiliares de encendido, usando suficiente carbón para tapar la base del asador con una cama pareja para un asado directo o acomódelos alrededor de una sartén para el goteo, si desea asar indirectamente. Después use un cerillo para encender los auxiliares de encendido, o conecte el encendedor eléctrico.

Si lo desea, pruebe con un encendedor para chimenea, que es un cilindro metálico con ventilación y una manija. Colóquelo sobre la cama de carbón. Inserte periódico arrugado en la base del encendedor y apile el carbón sobre él. Coloque el encendedor dentro del asador y encienda el papel. Las flamas dentro del encendedor de chimenea prenderán el carbón.

Cualquiera que sea el método que use, los carbones deben estar listos en 20 minutos. Una vez que el carbón esté preparado, debe extenderlo en la base del asador dependiendo del método de cocción (vea a continuación). Use pinzas largas de metal con una manija a prueba de calor para extender los carbones en la cama del asador, según lo desee.

## ASADO DIRECTO E INDIRECTO

Antes de empezar a cocinar, decida si necesitará calor directo o indirecto. Los alimentos asados sobre calor directo se colocan sobre los carbones calientes o los quemadores de un asador de gas. Este método intenso de temperatura elevada se usa para sellar y asar alimentos pequeños o delgados que requieren menos de 25 minutos para cocinarse, incluyendo algunas piezas de aves, carnes, hamburguesas, chuletas, salchichas, filetes de pescado y brochetas.

Para un fuego de calor directo en un asador de gas, caliente los quemadores bajo la parrilla sobre la que planee cocinar a calor medio-alto o alto. Para poner un fuego a temperatura directa en un asador de carbón, utilice pinzas largas de metal u otro aditamento largo para extender uniforme-mente los carbones calientes en la zona de la cama de fuego directamente debajo de los alimentos que va a cocinar.

Por otro lado, el calor indirecto cocina los alimentos al reflejar el calor, como si se asara en un horno. Use este método para asar trozos más grandes de alimentos como piernas de cordero sin hueso o un pollo entero. El calor que circula dentro del asador cocina los alimentos más lenta y homogéneamente, aunque puede voltear los alimentos después de cierto tiempo para asegurar una cocción uniforme. La cocción sobre calor indirecto requiere que el asador se mantenga tapado. Cada vez que levante la tapa, el calor escapa y esto puede alargar el tiempo de cocción.

Para hacer un fuego de calor indirecto en un asador de gas, primero precaliente el asador usando todos los quemadores y después apague los quemadores que quedan bajo los alimentos y coloque un recipiente de aluminio desechable debajo de la rejilla para recibir la grasa que suelte. Vuelva a colocar la rejilla para asar, coloque los alimentos sobre la sartén y ajuste los quemadores de cualquiera de los lados para que la intensidad del calor sea uniforme.

Para hacer un fuego de calor indirecto en un asador de carbón, coloque la sartén para recibir la grasa sobre la cama de fuego y use pinzas largas para colocar los carbones calientes rodeando la sartén. Esto evitará que cualquier goteo de los alimentos caiga sobre el fuego y cause flamazos. Acomode los carbones a ambos lados de la sartén o alrededor. Coloque los alimentos en el centro de la rejilla directamente en la sartén y tape el asador.

Para aquellos alimentos que necesitan cocinarse indirectamente durante 40 minutos o más, prenda un segundo grupo de carbones en otro asador u otro recipiente a prueba de fuego y úselos para reanimar el fuego una vez que los primeros carbones se hayan apagado.

Algunos alimentos quedan mejor cuando se asan utilizando una combinación de calor directo e indirecto. Si va a usar ambos métodos, coloque la sartén para el goteo sobre un lado de la cama de fuego y apile el carbón caliente del otro lado. Por ejemplo, las piezas de pollo con hueso, pueden empezar sobre calor directo para dorarlas y hacerles marcas de la parrilla sobre su superficie para después colocarlas en el lugar de la parrilla que tenga fuego indirecto y taparlas para lograr su cocción final.

## CONTROLANDO EL CALOR

Las recetas de este libro requieren precalentar el asador (para asadores de gas) o regular la temperatura del asador (para hornos de carbón) a temperatura alta, media-alta, media o baja. En un asador de gas, esto es sencillo. Lo que tiene que hacer es abrir las válvulas y regular el quemador debajo de la porción del asador que desea calentar. Además muchos asadores de carbón tienen un termómetro integrado en el que la temperatura alta corresponde a la de un asador de 200° C (400°F) o mayor, la

media-alta es de 190°C (375°F) y la baja es de 165°C (325°F).

Los asadores de carbón son un poco más complicados e imprecisos. Para calor alto, coloque los carbones en 2 ó 3 capas debajo de la rejilla y bájela, si se puede, para colocarla entre 7.5 y 10 cm (3-4 in) arriba de los carbones. Para calor medio-alto apile los carbones en 2 capas y mantenga la parrilla entre 13 y 15 cm (5-6 in) sobre el fuego. Para calor medio y bajo, disminuya la cantidad de carbón y si puede eleve la parrilla.

Revise con cuidado los alimentos mientras se cuecen, ya que el nivel de temperatura del fuego afectará el tiempo de cocción. Puede ajustar la temperatura de alta a medio-alta o media en un asador de carbón moviendo los carbones hacia los lados usando unas pinzas largas. Empuje los carbones para juntarlos y aumentar el calor o extiéndalos para bajar la temperatura. También puede lograr 2 ó 3 niveles de temperatura en un fuego variando la altura de los carbones o moviendo los alimentos sobre la parrilla conforme sea necesario.

Las ventilas también sirven para controlar el nivel de calor en un asador de carbón. Abra las ventilas para introducir oxígeno en el fuego y así aumentar la temperatura de cocción. Cierre parcialmente las ventilas si necesita reducir el calor. Antes de empezar a cocinar sobre un asador de carbón, asegúrese que la ventilación esté totalmente abierta. Si está cerrada, cuando se tape el asador su fuego puede extinguirse.

Para controlar el nivel de calor de los carbones de una forma sencilla, coloque su mano aproximadamente a 10 cm (4 in) del fuego o a la altura en que se cocerán sus alimentos. Mantenga su mano ahí y cuente cuanto tiempo soporta: 1 ó 2 segundos será fuego alto, 3 a 4 segundos será fuego medio-alto, y 5 segundos o más se considera fuego bajo. También puede usar un termómetro especial para asador que se engrapa al asador; uno de lectura instantánea que se inserta en la ventilación superior o un termómetro de horno para un asador tapado. Es muy útil conocer la temperatura exacta cuando hornea a calor indirecto en un asador tapado.

En la página opuesta presentamos las diferentes técnicas que se usan para preparar un fuego para asar al carbón:

**1 Prendiendo el carbón (foto superior izquierda):** Un encendedor de chimenea es una forma eficaz para prender carbón sin usar líquido de encendido.

**2 Acomodando el carbón para asar a fuego directo (foto superior derecha):** El carbón caliente se extiende uniformemente sobre la cama de fuego para asar alimentos sobre calor directo.

**3 Acomodando el carbón para asar a fuego indirecto (foto inferior izquierda):** El carbón caliente se acomoda alrededor de una sartén para goteo para asar alimentos sobre calor indirecto.

**4 Acomodando el carbón para diferentes niveles de calor (foto inferior derecha):** Para controlar el nivel de calor al asar, apile el carbón caliente a diferentes alturas y mueva los alimentos sobre la parrilla conforme sea necesario.

## EVITANDO FLAMAZOS

La grasa que escurre ocasiona flamazos durante el asado, algunos cocineros controlan las flamazos apagándolas con agua en aerosol; sin embargo, tenga presente que si se rocía demasiado cerca el vapor puede quemarlo, además que el agua fría puede romper el acabado de un asador caliente. Es mejor mover los alimentos a una parte menos caliente del asador para evitar flamazos y, si es necesario, tapar el asador y cerrar la ventilación.

## PREPARANDO LOS ALIMENTOS QUE VA A ASAR

El secreto para asar con éxito es darle sabor a sus alimentos sazonándolos antes de cocinarlos. Las antiguas recetas para asar recomendaban a los cocineros que no agregaran sal a la carne antes de cocinarla pues la secaría. En realidad, la sal, la pimienta, las hierbas y otros sazonadores no solo agregan sabor a los alimentos asados sino que también forma una costra sabrosa y caramelizada que mantiene la carne, pollo y pescados jugosos y suaves.

Los pescados deben limpiarse quitando el exceso de piel y retirando todas las espinas que queden en los filetes con unas pinzas de punta larga encorvada. La mayoría de los vegetales no necesitan pelarse antes de asarse; simplemente córtelos de la forma y tamaño conveniente para su asador.

Antes de cocinar carne, limpie retirando la mayoría de la grasa externa y deséchela. La grasa interna o veteado proporciona suavidad y sabor, pero la externa causa flamazos cuando al derretirse, cae sobre el fuego. Retire la grasa externa del pollo por la misma razón. Algunos cocineros retiran la piel del pollo antes de asarlo para retirar la grasa, pero ésta protege la carne delicada, evitando que se seque y le da sabor durante la cocción. Recomendamos que deje la piel mientras se cuece y la retire después si lo desea.

Los cortes muy gruesos de carne, como la pierna de cordero o un filete de res demasiado grande, deben deshuesarse (si es el caso) y partir en mariposa antes de asarse. Esto puede hacerlo el carnicero, pero es fácil hacerlo con un cuchillo para deshuesar y algo de práctica. En el caso de la pierna de cordero, deshuésela cortando a lo largo del hueso de la pierna y muslo, jalando la carne para desprenderla y dejándola de una sola pieza. Retire los huesos. Extienda la carne deshuesada sobre una tabla de picar, con la parte cortada hacia arriba. Estará gruesa y querrá emparejarla. Coloque un cuchillo paralelamente a la tabla de picar, corte la parte más gruesa de la carne, abriéndola como si fuera un libro a mediada que va cortando y aplanando hasta tener una pieza de carne con un grosor uniforme. Puede fijar la pieza plana y grande de carne, insertándole longitudinalmente unos palillos largos, para voltearla con facilidad.

## ENGRASANDO LA PARRILLA

Para cocinar pescado y mariscos, la mayoría de los vegetales, carnes y pollo sin grasa, es esencial engrasar la parrilla. Use aceite vegetal sobre una toalla de papel para engrasarla o pruebe alguno de los aceites en aerosol que abundan en el mercado. (Use el aceite en aerosol para engrasar la parrilla antes de prender el carbón o los quemadores; es muy peligroso rociar el aceite en aerosol sobre el fuego). Por lo general, es conveniente también engrasar los alimentos antes de asarlos. Puede untar o barnizar con aceite o utilizar aceite en aerosol. También puede untar o espolvorear con sal, pimienta, hierbas o especias o un unto de especias después de engrasar se adherirá a los alimentos con más facilidad. Los cortes más gruesos de carne (espaldilla de puerco, costillitas) no tienen que aceitarse antes de asarse.

## AUMENTANDO SABOR CON HUMO

Cocinar en un asador da a los alimentos un sabor ahumado debido a los flamazos causados por la grasa y jugos que escurren al fuego. Pero aún se le puede agregar más sabor por medio de humo de virutas o trozos de madera aromática, así como de hierbas secas colocadas sobre el carbón o dentro de una caja para ahumar sobre un asador de gas.

Elija elementos aromáticos al igual que especias o hierbas para complementar sus alimentos. La madera del mezquite, nogal, aliso, manzano y nogal pecanero confiere un sabor delicioso y dulce. Las hierbas que contienen madera como los tallos de romero, orégano, tomillo y albahaca seca también contribuyen con su sabor familiar, ya sea que se usen por sí solos o mezclados. Dichas hierbas pueden encontrarse algunas veces empacadas en bolsas similares a las de té, para agregarlas al fuego sin desparramarlas. También considere usar ramas grandes de romero como banderillas para brochetas. Antes de usarlas, remoje en agua las virutas, trozos de madera o las hierbas durante 30 minutos y escúrralas. Si usa un asador de carbón, agréguelas directamente sobre el carbón mientras se cocinan los alimentos, tomando el tiempo al agregarlas para que el sabor del humo que genera aumente, pero no opaque aquello que usted esté cocinando. Por ejemplo, las carnes grandes pueden tardar más en ahumarse, mientras que los mariscos suaves únicamente necesitan unos cuantos minutos de ahumado hacia la parte final de la cocción. Para usar virutas de madera o hierbas remojadas con un asador de gas, busque una caja pequeña de metal con ventilación para colocarlas directamente sobre el quemador. La caja evitará que las partículas pequeñas tapen la salida del combustible. También puede hacer un pequeño paquete de virutas o hierbas usando papel aluminio extra grueso. Doble el papel alrededor de un puño de virutas o hierbas y perfore la superficie del paquete con un tenedor o la

punta de un cuchillo. Colóquelo directamente sobre los ladrillos de cerámica, rocas de lava piedra volcánica o conductos de metal que están sobre el quemador. Si cocina un ave entera o una pierna que necesite demasiado tiempo en un asador tapado, reanime la madera dentro de la caja para ahumar o agregue paquetes recién hechos si se necesitan.

## ASADORES PARA ROSTIZAR

Ya sea que el aditamento para rostizar venga integrado en su asador de gas o carbón o si es uno que puede insertarse en su asador, un rosticero consiste en un trinche grande que se coloca arriba de la cama de fuego, y que gira lentamente a una velocidad constante por medio de un motor eléctrico. Está bien balanceado sobre el trinche y detenido por medio de tenedores ajustables que se detienen firmemente al trinche. Un trozo grande de carne o un ave entera se cocinará lenta y uniformemente en un rosticero. Busque los modelos fuertes que tienen motores resistentes y confiables.

La clave para usar un rosticero es colocar los alimentos bien balanceados en el trinche. Si el alimento no está bien balanceado, el motor se forzará y brincará, haciendo que no se cocine de forma pareja y perderá su jugo. La mayoría de los rosticeros incluyen un sistema que puede ajustarse para compensar la forma desigual de ciertos alimentos. Es más fácil montar cualquier alimento en un aditamento para rostizar

ayudándose entre dos personas. Use cordón resistente para cocinar para ensartar aves enteras o atar carnes haciendo formas más compactas. Prepare el fuego para asar indirectamente (página 107), colocando una sartén para goteo directamente bajo los alimentos y así evitar flamazos. Los alimentos se barnizarán por sí mismos a medida que giran pero, si lo desea, también puede barnizarlos usando el goteo que cae a la sartén.

Las recetas de este libro que se pueden rostizar son Pavo Entero Asado (página 55), Codorniz con Polenta y Jitomates Asados (página 93), Lomo de Puerco Relleno con Hortalizas y Ajo (página 94), Venado con Salsa de Hongos Silvestres (página 97) y, Pierna de Cordero en Mariposa con Unto de Romero y Ajo (página 17).

## REVISANDO LA COCCIÓN

La intensidad variable del calor de un asador y el cambio sencillo de ambiente de la cocina al patio puede causar duda acerca del tiempo necesario para que se cocinen algunos alimentos y lograr el nivel de cocción deseado. Tenga siempre presente que el tiempo dependerá del tipo de asador en particular y el combustible que use además del tamaño, grosor y temperatura de los ingredientes que ha elegido. En la mayoría de las recetas de este libro, se establecen tiempos que varían entre 5 y 10 minutos para calcular aproximadamente cuando estarán cocidos. Estos tiempos sirven de guía, no los tome con demasiada exactitud pensando que los alimentos se cocerán exactamente en ese tiempo. Con un termómetro de lectura instantánea revise los alimentos para obtener las temperaturas recomendadas. Si no tiene un termómetro, corte los alimentos y revíselos a simple vista, siguiendo los consejos dados en las recetas.

## CARNE

Para determinar la cocción de la carne a simple vista, corte en la parte más gruesa. La carne cruda se verá roja en el centro, término medio-rojo estará rosada en el centro y término medio solo tendrá signos rosados. Cocinar la carne más que término medio puede secarla y endurecerla. (Las hamburguesas son una excepción; por su seguridad deben cocinarse a término medio, y los expertos dicen que es mejor cocinarlas a término medio-cocido o a 71ºC /160ºF).

Si usa un termómetro de lectura instantánea insertado en la parte más gruesa de un trozo de carne lejos del hueso cuando marque entre 49º y 52ºC (120º y 125ºF) será carne término rojo, 54º (130ºF) para término medio. El puerco debe cocinarse de 68º a 71ºC (155º a 160ºF). La carne debe reposar entre 5 y 10 minutos antes de servirse, dependiendo del tamaño y grosor del corte y cubrirse con papel aluminio, sin apretar para que los jugos se distribuyan, asegurando una carne jugosa y llena de sabor. La temperatura interna subirá de 2º a 4ºC (5º a 10ºF) mientras reposa.

## POLLO

Es mejor asar pollo cuando se usa una combinación de asado directo e indirecto para asegurarse que todas las piezas se cuezan totalmente. El pollo y el pavo estarán cocidos cuando estén totalmente opacos, sin trazas de color rosado cuando al cortar cerca del hueso o en el centro de las piezas sin hueso. Cuando las piezas se pican con un tenedor de mango largo, los jugos que salen deben ser transparentes. Por seguridad, el pollo siempre debe registrar por lo menos 71ºC (160ºF) al insertar un termómetro de lectura instantánea en la parte más gruesa, lejos del hueso. El tiempo de cocción variará dependiendo del grosor de las piezas y si tienen hueso y/o piel. El pollo descuartizado tomará más tiempo y las pechugas deshuesadas y sin piel tardarán menos.

## MARISCOS

En general, los pescados deben cocerse hasta mostrar capas al insertarle un cuchillo en su carne. En promedio será de 5 a 8 minutos por cada 2.5 cm (1 in) de grosor. Los camarones (gambas) deben cocinarse hasta estar totalmente opacos. Almejas, mejillones y ostiones deben lavarse bien antes de cocinarse. Deseche las que no estén bien cerradas. Deben cocinarse justo hasta que se abran sus conchas. No cocine demasiado los pescados ni mariscos. Corte en un trozo para revisar la cocción. Algunos pescados, como el salmón y el atún, son mejores si se sirven crudos o término rojo en su interior.

## VEGETALES

Asar es una forma excelente de cocinar la mayoría de los vegetales. El secreto es evitar el sobre-cocinarlos, haciendo que los vegetales estén lo suficientemente suaves para comerse pero manteniéndolos frescos y crujientes. La única forma de saberlo es probándolos, por lo que le recomendamos tomar un espárrago, una calabacita o una mazorca de maíz después de ponerla en el asador durante unos minutos y darle una mordida. Barnice los vegetales con aceite antes de cocinarlos, usando un aceite sazonado si lo tiene (página 115).

## SEGURIDAD EN EL ASADO A LA PARRRILLA

Siempre que ase a la parrilla, recuerde los siguientes puntos importantes para asar de una forma segura:

Nunca rocíe líquido de encendido, aceite u otro líquido inflamable en un carbón encendido.

Nunca deje de vigilar y atender su asador desde el momento que prenda el carbón hasta el momento que deseche las cenizas frías.

Siempre mantenga a los niños y mascotas alejados del asador.

Nunca use ropa suelta mientras cocina en un asador y sujete el cabello largo.

Siempre use su asador a la intemperie en un lugar plano, sin encerrar, sin aleros que puedan quemarse, ni sobre elementos combustibles como pasto seco.

Use únicamente productos para encender fogatas específicamente diseñadas para asar y almacénelos en un lugar seguro lejos del asador. Otros combustibles, como el keroseno o gasolina no deben colocarse cerca de un asador a la intemperie.

No use productos para encendido eléctrico con briquetas de encendido instantáneo.

Si usa un encendedor eléctrico, apenas encienda el carbón, desenchúfelo y colóquelo en una superficie a prueba de fuego hasta que se enfríe por completo.

Tenga una manguera de agua y/o extinguidor de fuego listo por si se enciende fuego.

## SEGURIDAD DE LOS ALIMENTOS

El asar a la parrilla va de la mano con el clima cálido del verano, y también con la contaminación de los alimentos. Pero el riesgo está presente todo el año. Para protegerse de enfermedades causadas por alimentos, tenga en mente las siguientes recomendaciones:

Si los alimentos que planea cocinar están congelados, descongélelos por completo en el refrigerador microondas, nunca a temperatura ambiente. Los alimentos crudos nunca deben estar fuera del refrigerador más de 2 horas ó 1 hora en clima cálido.

Revise las fechas de "cómprese antes de" y "consúmase antes de" que vienen en el paquete. Deseche cualquier alimento que se vea o huela sospechoso.

Siempre lave sus manos con suficiente agua tibia y jabonosa, especialmente antes y después de manejar carne, pollo o mariscos crudos.

Nunca vuelva a colocar los alimentos cocidos en los platones o platos en los que estuvieron cuando estaban crudos. Si va a barnizar con una marinada en la que reposó algún alimento crudo, hierva el líquido en un cazo antes de usarlo o deje de utilizarlo por lo menos 5 minutos antes de terminar de cocinar sus alimentos. Lave las brochas que usó con alimentos crudos antes de emplearlas sobre alimentos cocidos.

Siga las instrucciones acerca de la temperatura interna para asegurarse que los alimentos se cuezan durante el tiempo suficiente para matar todas las bacterias.

Refrigere las sobras rápidamente. Los alimentos no deben permanecer fuera del refrigerador más de 2 horas, o 1 hora en clima cálido.

## CUIDANDO EL ASADOR

Los asadores son herramientas que requieren poco mantenimiento pero necesitan cierta atención. Con un cuidado normal, muchos asadores cocinarán con eficiencia y limpieza durante muchos años.

Antes de empezar a cocinar, barnice o rocíe la parrilla o rejilla con aceite para evitar que se peguen los alimentos y facilitar su limpieza.

Mientras el asador esté aún caliente, después de cocinar, use un cepillo de alambre con mango largo para raspar cualquier partícula de alimento que quede en la parrilla. Tape el asador y permita que el calor de los carbones o flamas de gas al enfriarse quemen el residuo.

No deje que se acumulen las cenizas en un asador de carbón. Limpie frecuentemente la sartén para fuego. Espere hasta que las cenizas estén totalmente frías y retírelas y deséchelas poniéndolas en un recipiente a prueba de fuego.

Después de que un asador de gas se haya enfriado por completo, busque entre las piedras volcánicas o briquetas de cerámica cualquier pedazo de alimento que obstruya las salidas de gas y deséchelo. Sustituya las piedras o briquetas que estén demasiado húmedas y no calienten eficazmente. No lave las piedras con detergente. Limpie los conductos de metal ocasionalmente raspando la grasa y ceniza acumulada.

Nunca forre la cama de fuego o parilla para cocinar con ningún tipo de material. Los asadores se calientan mucho y cualquier sustancia extraña puede representar un riesgo de fuego. Al forrar un asador con papel aluminio puede impedir el flujo de aire necesario.

Proteja su asador con una tapa a prueba de agua o guárdelo en un lugar cubierto.

# GLOSARIO

ACEITE Muchas recetas de este libro piden aceite vegetal para evitar que los alimentos se peguen a la parrilla. Un aceite mixto o aceite de maíz puro es una buena elección. El aceite de oliva tiene un excelente sabor, el extra virgen tiene el color y sabor más fuerte, el aceite de oliva puro es el más ligero. Use aceites sazonados en ensaladas y salsas y aceites más ligeros para barnizar alimentos y cocinar. El aceite de cacahuate tiene un ligero sabor a nuez muy apreciado por los cocineros asiáticos. El aceite de ajonjolí tiene un peculiar sabor tostado y debe agregarse con medida a las salsas y ensaladas estilo asiáticas. El aceite en aerosol de lata es muy cómodo para asar. Úselos para engrasar la parrilla antes de que esté caliente y para barnizar pescados, mariscos, vegetales, carnes menos grasosas y pollo antes de asar a la parrilla.

ACEITE / SALSA DE CHILE ASIÁTICO Los aceites y salsas de chiles asiáticos vienen en muchos colores, sabores y niveles de picor. El sambal oelek y el sambal badjak de Indonesia están entre los más picosos. El aceite y la salsa de chile de China agregan picor y sabor a las marinadas y sofritos. La Sriracha, una salsa de chile picante de color rojo brillante de Tailandia, da sabor a muchos platillos del sureste de Asia. La salsa de chile dulce tai, una mezcla de azúcar, agua y chiles rojos, es deliciosa sobre pescado, mariscos y pollo. Busque estos aceites y salsas en supermercados bien surtidos y tiendas de alimentos asiáticos.

AJO Podríamos decir que el ajo se hizo para los alimentos asados a la parrilla. Si a usted le gusta el ajo, úselo con libertad en salsas y marinadas para pollo, puerco, pescado y mariscos. Un prensador de ajo es una herramienta útil, especialmente cuando va a agregar ajo a una marinada. Elija cabezas de ajo firmes y grandes y almacénelas en un lugar seco y frío. El ajo de piel roja de México es una de las variedades más sabrosas.

BROCHA PARA ASADOR Diseñada para limpiar los asadores, este cepillo de mango largo tiene cerdas a prueba de hongos y un cepillo de acero inoxidable. Úselo cuando el asador esté aún caliente después de cocinar, para raspar cualquier partícula de alimento que se haya quedado pegada a la rejilla.

CANASTILLA PARA ASAR Estas canastillas, hechas en diversas formas y tamaños, tienen un par de rejillas de alambre con gozne que les permite cerrarse. Simplifican el asado a la parrilla de alimentos delicados como filetes grandes de pescado o pescados enteros, que pueden pegarse a la parrilla del asador y desbaratarse al voltearlos. Úselas también para asar alimentos pequeños como camarones, jitomates cereza y espárragos que de otra forma se caerían a través de la rejilla sobre el fuego. Elija canastillas para asar con manijas largas a prueba de fuego para voltearlas más fácilmente. Para evitar que se peguen los alimentos, barnice las superficies internas de las canastillas con aceite antes de colocarlos dentro de ellas.

CHILES, ASANDO Y PELANDO Cuando se asan los chiles verdes suaves o los pimientos (capsicums) es más fácil pelarlos además de realzar su sabor. Áselos sobre el asador o un quemador de gas, volteándolos ocasionalmente, hasta que la piel se llene de ampollas. Coloque en una bolsa de papel o plástico y deje enfriar. Quite la piel y corte para abrir y retirar las venas y semillas.

ENCENDEDOR DE CHISPA Muchos asadores de gas vienen equipados con un encendedor de chispa. Si no lo tiene, use un cerillo largo o una entrada automática de gas. Si los quemadores no encienden de inmediato al usar encendedor de chispa, apague los quemadores, espere 5 minutos o más y encienda con un cerillo largo.

FÉCULA DE MAÍZ La fécula de maíz, también conocida como maizena, se usa en muchas salsas por su capacidad para espesar. Unas cuantas cucharadas pueden hacer de un líquido delgado una salsa espesa y brillante. La fécula se mezcla primero con un poco de líquido, para después integrarla a la salsa. Después de agregar la mezcla de fécula deje hervir la salsa a fuego lento durante varios minutos, tanto para espesar la salsa como para retirar el sabor a yeso propio de la fécula.

HIERBAS Las hierbas frescas o secas proporcionan sabor e interés a muchos alimentos asados. Use hierbas frescas para sazonar pastas, salsas y marinadas. Las hierbas secas son mejores para untos, especialmente si tiene intención de almacenarlas algún tiempo. Use el doble de hierbas frescas que de secas.

JENGIBRE El jengibre fresco le da sabor a muchas salsas, ensaladas y marinadas asiáticas. Pele el jengibre y pique finamente antes de usarlo en alguna receta.

MIEL DE MAÍZ Este edulcorante comúnmente usado, se hace con fécula de maíz. Viene en dos versiones, la oscura y la clara, teniendo más sabor la oscura. La miel de maíz no se cristaliza cuando se calienta.

PANCETA La panceta, un tocino sabroso y no ahumado de Italia, está hecha del mismo corte (vientre de puerco) que el tocino común, pero está curado con sal en vez de hacerlo ahumado y su sabor es más suave. Se frota con una mezcla de especias que puede incluir canela, clavos o enebro, y se enrolla formando un cilindro apretado para curarlo por lo menos durante 2 meses. Busque marcas nacionales de panceta de buena calidad en las tiendas especializadas en alimentos o en mercados italianos.

PAPRIKA Hecha de pimientos rojos secos y molidos, su color varía desde la naranja-rojizo a rojo, la paprika se usa tanto como un adorno o como un sazonador. La paprika más fina se hace en Hungría. Existen tres tipos básicos: dulce, medio-dulce y picosa. La paprika dulce es la más comúnmente usada.

PIMIENTA DE CAYENA Una pimienta roja muy picosa hecha de cayena seca molida y otros chiles, la pimienta de cayena, se espolvorea ligeramente para agregar picor o aumentar el sabor. Como las diferentes marcas varían su picor, y como sólo se necesita una pequeña cantidad, agregue una pizca al principio y vaya agregando más, poco a poco.

PINZAS A ningún cocinero deben faltarle unas pinzas extra largas para asar a la parrilla alimentos como pollo, costillitas y salchichas, voltearlas y retirarlas rápidamente cuando estén listas sin necesidad de picarlas y hacer que pierdan sus jugos. Un segundo par de pinzas es especialmente útil para reacomodar o mover los carbones calientes.

PIMIENTA BLANCA La pimienta sin cáscara confiere un sabor ligero y delicado especialmente agradable con pescados y mariscos.

PLATOS PARA ASAR Los platos de metal con perforaciones pequeñas a menudo se usan para asar pequeños trozos de mariscos, pescados o vegetales, para evitar que se caigan a través de la parrilla. Estos vienen en diferentes formas y tamaños. Engráselos con aceite antes de usarlos.

POLVO CHINO DE CINCO ESPECIAS El polvo de cinco especias es un sazonador común en las cocinas del sur de China y Vietnam, donde a menudo se usa para sazonar pollo a la parrilla. Aunque es fácil encontrarlo en tiendas de alimentos bien surtidas, si usted prepara el suyo obtendrá una mezcla más sabrosa. Usando un molino para café o un mortero con mano, muela 1 anís estrella, partido en trozos; 2 cucharaditas de granos de pimienta de Szechwan (China), ¼ cucharadita de semillas de hinojo y ¼ cucharadita de clavos enteros. Incorpore ¼ cucharadita de canela molida. Almacene en un recipiente hermético en un lugar oscuro hasta por 6 meses.

POLVO DE AJO El ajo en polvo seco se usa en muchos untos de especias y conviene tenerlo en su alacena. Cómprelo en pequeñas cantidades y deséchelo después de varios meses, pues al polvo de ajo se oxida fácilmente y pierde sabor. Puede sustituirse por ajo seco y granulado.

SALSA DE SOYA Esta salsa picosa y salada hecha de frijoles de soya fermentados, viene en diferentes tipos y texturas. La salsa de soya va de la ligera a la fuerte que es oscura e intensa. Use el estilo que prefiera en sus salsas y marinadas. La salsa de soya baja en sodio se puede encontrar con facilidad. Tamari es una salsa de soya deliciosa con un sabor intenso y complejo.

SALSA INGLESA (WORCESTERSHIRE) Un sazonador o condimento tradicionalmente inglés, la salsa inglesa, es una mezcla aromática, delicada, de intenso sabor, hecha con muchos ingredientes incluyendo melaza, salsa de soya, ajo, cebolla y anchoas. Es popular en marinadas para alimentos asados a la parrilla, y se puede llevar a la mesa.

TERMÓMETROS Un termómetro de lectura instantánea le permitirá medir la cocción de sus cortes grandes de carne o pollo rápidamente. Al insertarlo, casi al final de la cocción, el termómetro de lectura instantánea es más exacto y hace hoyos más pequeños en la carne, liberando así menos jugo que los otros tipos de termómetros para carne. Al revisar la cocción, asegúrese que el termómetro no esté tocando un hueso y no lo deje en los alimentos mientras estén en la parrilla. Si su asador tapado no tiene un termómetro integrado, inserte uno de lectura instantánea en la ventilación cuando cocine a calor bajo durante mucho tiempo, abriendo la ventilación para controlar la temperatura interior sin abrir la tapa. Un termómetro para asador se fija a la parrilla del asador para tomar la temperatura de la superficie.

# ÍNDICE

DEGUSTIS
Es un sello editorial de
Advanced Marketing, S. de R.L. de C.V.
Aztecas 33, Col. Sta. Cruz Acatlán, C.P. 53150 Naucalpan, Estado de México

WILLIAMS-SONOMA
Fundador y Vicepresidente: Chuck Williams
Compras: Cecilia Michaelis

WELDON OWEN INC.
Presidente Ejecutivor: John Owen; Presidente: Terry Newell;
Vicepresidente, Ventas Internacionales: Stuart Laurence; Director de Creatividad: Gaye Allen;
Editor de Serie: Sarah Putman Clegg; Editor Asociado: Heather Belt: Gerente de Estudio: Brynn Breuner;
Editor de Fotografía: Lisa Lee; Editor de Copias: Carolyn Miller; Editor Consultor: Sharon Silva y Norman Kolpas;
Diseñador: Douglas Chalk; Fotografía de Alimentos: Maren Caruso
Estilistas de Alimentos: Sandra Cook; Asistentes de Estilista de Alimentos: Jennifer McConnell,
Elisabet der Nederlanden y Ann Tonai; Asistente de Fotografía: Noriko Akiyama;
Asistente Editor de Fotografía: Kris Ellis; Índice: Ken DellaPenta;
Corrección de Estilo: Desne Ahlers y Carrie Bradley; Diseñador de Producción: Joan Olson;
Supervisión de la Edición en Español: Francisco J. Barroso Sañudo

Título Original: Grilling    Traducción: Concepción O. De Jourdain, Laura Cordera L.
Grilling de la Colección Williams-Sonoma fue concebido y producido por Weldon Owen Inc., en colaboración
con Williams-Sonoma.

Una Producción Weldon Owen Derechos registrados © 2002 por Weldon Owen Inc, y Williams-Sonoma Inc.

Derechos registrados © 2003 para la versión en español: Advanced Marketing, S. de R.L. de C.V.
Aztecas 33, Col. Sta. Cruz Acatlán, C.P. 53150 Naucalpan, Estado de México

Presentado en Traján, Utopía y Vectora.

**ISBN  970-718-090-0**

Separaciones a color por Bright Arts Graphics Singapur (Pte.) Ltd.
Impreso y encuadernado en Singapur por Tien Wah Press (Pte.) Ltd./Printed and bound in Singapore by Tien Wah Press (Pte.) Ltd

1 2 3 4 5   03 04 05 06 07

**UNA NOTA SOBRE PESOS Y MEDIDAS**

Todas las recetas incluyen medidas acostumbradas en Estados Unidos y medidas del sistema métrico.
Las conversiones métricas se basan en normas desarrolladas para estos libros y han sido
aproximadas. El peso real puede variar.